그림지도로 펼쳐 보는 세계사

글 존 판던

글을 쓴 존 판던은 영국 런던 시티앤길즈의 왕립 문학 연구원입니다. 과학, 기술, 자연에 관한 많은 책을 썼으며, 왕립협회 청소년도서상 후보에 여섯 차례나 올랐어요. 우리나라에 소개된 책으로는 '스틱맨이 알려 주는 모든 것의 원리' 시리즈와 《생활 속 과학 원리를 찾아서》 《옥스브리지 생각의 힘》 《죽느냐? 낫느냐! 으악! 오싹오싹 소름끼치는 의학》 《이상하게 재밌는 지구과학》 등이 있어요.

그림 크리스찬 코르니아

그림을 그린 크리스찬 코르니아는 이탈리아 출신으로, 4살 때 코믹북 예술가가 되기로 결심하고 독학으로 그림을 배웠어요. 마블 코믹스에 그림을 그리고, 이탈리아와 미국에서 '스쿠비 두' 캐릭터 작업을 했어요. 이탈리아 국제만화학교에서 애니메이션을 가르치고 있어요.

옮김 신재일

옮긴이 신재일은 한국외국어대학교에서 정치학 박사 학위를 받은 뒤, 한국외국어대학교 사회과학연구소 책임 연구원, 한국 NGO학회 섭외 이사로 활동했어요. 오랫동안 대학교에서 정치학 및 문화인류학을 가르쳤으며, 어린이, 청소년 논픽션 작가 및 번역가로 활동하고 있습니다. 옮긴 책으로는 《군주론》 《리바이어던》 《말랄라 세상을 바꾼 아이》 등이 있고, 쓴 책으로는 《열두 살에 처음 만난 정치》 《둥글둥글 지구촌 인권 이야기》 《정치란 무엇일까?》 등이 있어요.

그림 지도로 펼쳐 보는 세계사

글 존 판던 | 그림 크리스찬 코르니아 | 옮김 신재일

초판 2쇄 발행 2021년 10월 19일
펴낸이 도승철 | 펴낸곳 밝은미래 | 등록 2005년 5월 2일 (제105-14-87935호)
주소 경기도 파주시 회동길 349 3층
전화 031-955-9550 | 팩스 031-955-9555
밝은미래 홈페이지 http://www.bmirae.com
편집부 송재우 고지숙 | 디자인 윤수경 | 마케팅 김경훈 | 경영지원 강정희
ISBN 978-89-6546-378-8 73900

HISTORY OF THE WORLD by John Farndon, illustrated by Christian Cornia
Copyright©2018 Hungry Tomato Ltd.
All rights reserved.

Korean translation rights©2020 BALGEUNMIRAE PUBLISHING CO.
Korean translation rights are arranged with Hungry Tomato Ltd through Amo Agency Korea.

이 책의 한국어판 저작권은 AMO 에이전시를 통해 저작권자와 독점 계약한 밝은미래에 있습니다.
저작권법에 의해 보호를 받는 저작물이므로 무단 전재와 무단 복제를 금합니다.
책에 대한 단순 서평 수준을 넘어서는 내용을 SNS나 사진, 영상 등으로 출판사의 동의 없이 배포하는 것은
저작권법에 저촉될 수 있습니다.

＊ 본문에 나오는 인명이나 지명은 중고등학교 교과서를 기준으로 하였으며,
  교과서에 없는 경우에는 통상적으로 표기되는 형태를 따랐습니다.

＊ 책값은 뒤표지에 있습니다.

※ 공통안전기준 표시사항
① 품명 : 도서 ② 제조자명 : 밝은미래 ③ 주소 : 경기도 파주시 회동길 349
④ 연락처 : 031-955-9550 ⑤ 최초 제조년월 : 2020년 11월 ⑥ 제조국 : 대한민국 ⑦ 사용연령 : 9세 이상

글 존 판던 | 그림 크리스찬 코르니아 | 옮김 신재일

그림지도로 펼쳐 보는 세계사

인류 등장부터 2000년까지

밝은미래

6_ 최초의 도시와 제국

인류 등장 ~ 476년

34_ 정복자와 왕조

476년 ~ 1500년

3부
62_탐험과 혁명
1500년 ~ 1900년

4부
90_급변했던 최근 백년
1900년 ~ 2000년

1부
최초의 도시와 제국
인류 등장 ~ 476년

최초의 도시와 제국 ······ 8

석기시대 ················ 10
정착 ···················· 12
최초의 도시들 ············ 14
이집트 문명의 등장 ······· 16
청동기시대 ··············· 18
신화의 시대 ·············· 20
제국과 사상 ·············· 22
동과 서의 제국들 ········· 24
막강한 로마 ·············· 26
로마 제국의 몰락 ········· 28

누가 누구일까? ··········· 30
세상에, 이런 일이 ········ 32

선사시대

우리는 인류가 살아온 대부분의 시간에 대해 아는 게 별로 없어요. 그 이야기를 기록해 둔 사람이 없었으니까요. 이렇게 안개에 싸인 시간을 '선사시대'라고 불러요. 선사시대란 인간이 문자를 쓰기 전을 말합니다. 그러니까, 인류의 시간 중 98퍼센트 정도가 선사시대에 해당돼요. 인간이 문자를 쓴 이후의 짧은 시간이 '역사'랍니다.

아메리카

인류는 아메리카 대륙에 늦게 도착했어요! 뉴멕시코의 클로비스에 사람들이 처음 정착했다고 주장하는 전문가들이 있어요. 칠레의 몬테베르데에 사람들이 최초로 정착했다고 주장하는 전문가들도 있고요. 그런데 올멕과 마야 같은 최초의 아메리카 문명이 시작한 곳은 멕시코였어요.

최초의 도시와 제국

우리 인간의 이야기는 아주 오래 전, 아프리카에서 시작되었다. 약 7만 년 전에 아프리카에서부터 인간이 세계 도처로 뻗어 나가기 시작했다. 그러다 약 1만 5천 년 전에 남아메리카의 남쪽 끝에 이르렀다. 그 이후, 각각의 대륙은 각자의 길을 걷게 되었다.

최초의 그림, 동굴 벽화
4만 년 전~2만 년 전, 유라시아

석기시대 동안, 사람들은 동굴 벽에 그림을 그렸어요. 말과 들소 같은 동물 그림이 지금도 많이 남아 있지요. 그중 프랑스 라스코 동굴 벽화가 가장 유명합니다.

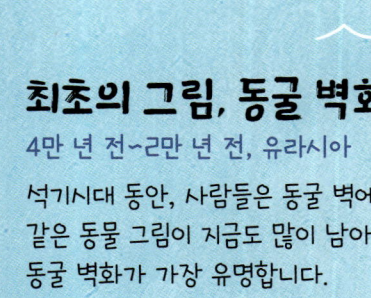

가리키는 손가락
60만 년 전~4만 년 전, 시베리아

한동안 우리 인류는 네안데르탈인과 데니소바인과 함께 세상을 살았어요. 하지만 데니소바인에 대해 우리가 아는 건 시베리아 동굴에서 발견된 오래된 손가락 뼈와 어금니 화석 뿐이랍니다.

35,000년 전~25,000년 전

40,000년 전

● 알타이 산, 데니소바 동굴

● 베이징

100,000년 전~90,000년 전

라스코 동굴

150,000년 전~100,000년 전

최초의 인류
20만 년 전부터, 아프리카

최초의 현대 인류인 호모 사피엔스는 20만 년 전에 아프리카에서 살았습니다. 약 7만 년 전, 그 후손들이 아프리카를 벗어나 세상으로 퍼져 갔어요.

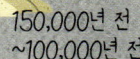
고인류의 화석 발견, 탄자니아 올두바이

60,000년 전~50,000년 전

최초의 오스트레일리아인
만 5천 년 전, 오스트레일리아

약 5만 5천 년 전, 인도네시아에 살던 사람 중 일부가 뗏목을 타고 용감하게 망망대해를 건너 오스트레일리아에 이르렀어요. 이들의 후손이 바로 오늘날 오스트레일리아 원주민입니다.

호주 원주민의 성지 '울룰루'

260만 년 전	200만 년 전	100만 년 전	70만 년 전	20만 년 전
최초의 석기 도구를 만듦	호모 에렉투스가 아프리카 밖으로 이주	불의 사용법을 최초로 알아냄	한반도 구석기 시대	현대 인류의 조상 호모 사피엔스 등장

지도 위 화살표

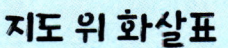 현생 인류, 호모사피엔스 사피엔스가 이동한 경로
(빙하시대에는 바닷물의 수위가 낮았어요. 그래서 사람들이 대륙을 건너기가 그리 어렵지 않았어요.)

16,000년 전

최초의 아메리카인
1만 3천 년 전, 북아메리카

시베리아에 살던 사람들이 북아메리카로 건너왔어요. 여기에는 클로비스 사람들도 있었어요. 뉴멕시코의 클로비스에서 사람들이 사용하던 돌 도구가 발견되었기에, 클로비스 사람이라고 부른답니다.

클로비스, 뉴멕시코

석기시대
인류의 등장 ~ 1만 2천년 전

아주 오래 전, 우리 조상들은 거친 들판에서 살며 동물을 잡아먹고 과일을 따 먹었다. 이들은 동굴 안이나 나무 위에서 잠을 잤다. 가끔 먹을거리를 찾아 아주 먼 길을 여행하기도 했다. 돌을 날카롭게 부수거나 갈아 도구로 사용했기에, 이때를 석기시대라고 부른다.

* 한반도에서 구석기 시대는 약 70만 년 전부터 시작되었다.

15,000년 전

17만 년 전	7.1만 년 전	7만 년 전	5만 년 전	1만 5천 년 전
동물가죽으로 최초로 옷을 입음	최초의 활과 화살 만듦	현생 인류가 아프리카를 벗어나 다른 대륙으로 이주	바느질이 발명됨	몬테베르데인들이 칠레에 정착

얼음이 녹기 시작하다
11,700년 전, 북유럽과 아메리카

180만 년 동안, 빙하시대가 이어졌습니다. 유럽의 북쪽 끝과 아메리카는 정말 추웠죠! 땅은 엄청 두꺼운 얼음으로 덮여 있었어요. 약 11,700년 전, 마침내 날씨가 따뜻해지면서 얼음이 녹기 시작했어요.

긴 이빨의 동물들
12,000년 전, 북아메리카

인간이 북아메리카에 도착하고 나서 얼마 지나지 않아, 엄니 달린 고양이와 매머드 같은 동물 대부분이 멸종되었어요. 인간 사냥꾼들이 모두 죽였을지도 모릅니다. 사실, 무슨 일이 있었는지 정확히 알 수는 없어요.

일본의 조몬 문화
12,000년 전, 일본

약 3,000년 전까지만 해도 일본에는 조몬족이 살았어요. 이때를 조몬 시대, 일본의 신석기 시대라고 해요. 이들은 동물과 물고기를 사냥하고 식물과 과일을 먹었어요. 다행히 과일, 물고기, 사냥감이 무척 넉넉해서 집을 짓고 도자기를 빚을 시간이 있었어요.

정착
12,000년 전~9,000년 전

사람들은 먹을거리를 찾아 정처 없이 떠돌아다니는 생활에 진저리가 났을지도 모른다. 그래서 한곳에 정착해 농사를 지으며 식량을 만들기 시작했다. 이제 집을 짓고 도시에 모여 살기 시작했다.

* 한반도에서 신석기 시대는 기원전 8000년부터 시작되었다.

1만 2천 년 전 염소를 기르기 시작

1만 2천 년 전 일본에 조몬족이 살기 시작

11,700년 전 빙하시대가 끝남

11,500년 전 밀 농사와 보리 농사 시작

11,000년 전 신석기시대 시작

중국의 쌀농사
12,000년 전, 중국

세계 여러 지역에서 각각 다양한 농사를 짓기 시작했어요. 중국에서는 12,000년 전부터 벼농사를 지었습니다. 6,300년 전, 중국인들은 물이 풍부한 논에서 벼가 잘 자란다는 사실을 알아냈어요.

나무로 배를 만들다
10,000년 전, 네덜란드

13만 년 전부터 사람들이 배를 타고 바다를 건넜을지도 몰라요. 하지만 지금껏 발견된 가장 오래된 배는 1만 년 전의 카누입니다. 이 카누는 통나무를 파서 만들었는데, 너덜란드 페세 지역의 진흙 속에 보존되어 있었어요.

가장 오래된 도시?
9,500년 전, 터키

농사를 짓기 시작하면서 사람들은 오래도록 한 곳에서 더불어 살 집을 지어 마을을 이루고 살았어요. 터키의 차탈후유크가 대표적이지요. 차탈후유크에는 길이 없었어요. 그저 이웃집의 평평한 지붕 위를 걸어, 각자의 집으로 들어갈 수 있었답니다!

최초의 농부들
11,500년 전, 시리아

사람들은 마침내 야생 식물을 찾아다닐 필요가 없다는 사실을 깨달았어요. 씨앗을 심으면 그 자리에서 농작물이 자란다는 사실을 알게 된 거지요. 이렇게 시작된 최초의 작물은 밀, 보리, 렌틸콩, 그밖에 다양한 완두콩이었어요.

솜씨 좋은 농부들
10,300년 전, 요르단

사냥꾼과 채집가들은 늘 여기 저기 돌아다녀야 했어요. 하지만 사람들이 정착해 농사를 짓기 시작하자 여러 가지 물건을 만들어 집을 꾸밀 수 있었어요. 요르단의 아인 가잘에서 나온 이 희한하게 생긴 조각상도 그 중 하나랍니다.

11,000년 전
세계에서 가장 오래된 사원인 터키 괴베클리 테페가 세워짐

10,800년 전
레바논에 비블로스라는 도시를 세움

9,500년 전
사하라의 비옥한 땅에서 농사를 시작

9,000년 전
이스라엘 예리코에 성벽이 세워짐

9,000년 전
중국 신석기 문화 중 하나인 페이리강 문화가 시작됨

미국 루이지애나 지역의 흙 둔덕
5,400년 전~2,700년 전, 미국

도시가 생기기 전, 석기시대 사람들은 흙 둔덕에 기념물을 지었습니다. 그 중 5,400년 전에 지어진 파버티 포인트 유적(그림)과 기원전 1500년 경에 지어진 왓슨 브레이크 유적이 유명합니다. 당시 사람들이 왜 이런 흙 둔덕을 만들었는지 아직까지도 수수께끼입니다.

5,000년 전, 영국, 스톤헨지

6,500년 전, 프랑스, 카르낙 열석

최초의 도시들
9,000년 전~6,000년 전

농사를 짓기 시작하면서 삶은 훨씬 더 복잡해졌다. 사람들은 땅을 소유하고 농작물을 팔아 도구 및 물건을 사기 시작했다. 곧 처음으로 도시가 생겨났다. 사람들은 도시에서 물건을 사고팔았다. 문명 또한 도시에서 생겨나기 시작했다.

반지 시계
7,000년 전, 이집트

사람들은 나브타 플라야에서 돌을 둥그렇게 세웠습니다. 이 돌은 태양과 별자리를 통해 일 년 중 특정한 시간을 알려주었어요. 영국의 스톤헨지처럼, 이와 유사한 고대의 돌 '달력' 원형 구조물들이 유럽 전역에서 발견되었습니다.

8,500년 전
이스라엘의 팀나에서 구리를 채굴

8,000년 전
시리아의 알레포에 사람들이 정착하기 시작

8,000년 전
파키스탄에서 구리 장신구를 만듦

7,500년 전
유럽과 중동지역 동기시대 시작

7,500년 전
강원도 양양 오산리에 모여 삶 (신석기 집터)

무시무시하게 용감하다
기원전 3200년, 서유럽

사람들은 스코틀랜드 오크니 섬의 스카라 브레에서 아늑하고 소박한 돌집을 지었어요. 이 집은 모래에 파묻혀 있다가 1850년의 폭풍 덕분에 세상에 모습을 드러냈어요.

● 스카라 브레

둥글게 놓인 바위
기원전 3000년, 영국

석기시대 영국 사람들은 솔즈베리 평야에 커다란 돌(거석)을 똑바로 세워 스톤헨지를 만들었어요. 돌 사이의 틈은 태양이 움직이는 시간과 딱 맞는 것처럼 보여요. 그런데 스톤헨지를 왜 세웠는지, 아직도 그 이유를 정확히 몰라요.

죽은 자들을 위한 흙 언덕
기원전 3300년, 북아메리카

초기의 북아메리카 농부들은 죽은 사람들을 위해 특별한 무덤 언덕을 만들었어요. 캐나다 매니토바 주에 살던 로렐 사람들은 '긴 급류의 장소'에 무덤을 만들었다고 해요.

이집트 문명의 등장
기원전 4000년~2600년

지금으로부터 6,000년 전, 많은 사람들이 정착해 농사를 짓고, 나무와 흙 그리고 돌로 집을 지어 마을을 이루어 살았다. 사람들은 죽은 자와 신들을 위해 놀라운 기념물을 짓기도 했다. 중동, 중국, 이집트에서 위대한 도시와 문명이 나타났다.

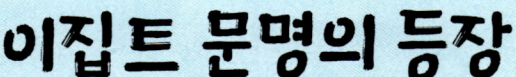

기원전 4000년	기원전 3700년	기원전 3500년	기원전 3300년	기원전 3200년
닭을 가축으로 기름	크레타 섬에서 유럽 최초의 문명 시작	최초의 이집트 미라 만듦	아일랜드에서 뉴그레인지 돌무지무덤 만듦	메소포타미아 수메르에서 최초의 문자 발명

사르곤 대왕
기원전 2330년경, 중동

나르곤 대왕이 티그리스강과 유프라테스강 근처(오늘날 이라크 지역)에서 최초의 거대 국가라 할 수 있는 아카드 왕국을 건설했어요.

아카드 왕국

전설적인 지도자
기원전 2697년, 중국

황제(黃帝)가 중국 문명의 문을 열었다고 알려져 있습니다. (만약 그런 사람이 정말로 존재했다면 말이죠.) 그의 통치 하에서 나무 말, 마차, 배, 활과 화살, 그리고 문자 체계를 발명했다고 해요. 전설에 따르면, 황제의 부인, 누조 황후가 비단 짜는 법을 알아냈습니다.

고대 이집트 문명의 시작
기원전 3100년, 이집트

나르메르 왕이 나일 강가에 사는 농부들을 통일해 고대 이집트 왕국을 일으켰어요. 나르메르 왕의 뒤를 이은 170명 정도의 왕과 '파라오'들이 3,000년에 걸쳐 이집트 문명을 이끌었답니다. 나르메르는 '성난 메기'라는 뜻이라고 해요.

기원전 3200년
페루에서 노르테 치코 문화 번성

기원전 3000년
중국 황하 문명, 인도 인더스 문명 시작

기원전 3000년
잉글랜드에서 스톤헨지 세움

기원전 3000년
갈대로 파피루스(종이)를 만듦

기원전 2500년
수메르에서 길가메시 왕이 다스림

대폭발
기원전 1646년

약 3,600년 전, 그리스의 산토리니 화산이 폭발하여 섬의 대부분이 물속으로 가라앉았어요. 게다가 큰 해일이 발생해 크레타 섬에서 꽃피웠던 크레타 문명이 완전히 파괴되고 말았답니다.

청동기시대
기원전 2600년~기원전 1600년

구리는 단단하지 못해서 좋은 도구와 무기를 만들기 힘들었다. 하지만 약 4,600년 전, 누군가 구리에 주석을 약간 섞으면 아주 단단한 청동이 된다는 사실을 알아냈다. 이렇게 해서 세상은 청동기시대로 접어들게 되었다.

* 한반도에서 청동기 시대는 기원전 2000~1500년 경 시작되었다.

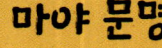
마야족

마야 문명
기원전 2000년~기원후 1697년, 벨리즈

약 4000년 전, 마야족이 최초의 아메리카 문명을 꽃피웠어요. 마야족은 농부로서 옥수수와 콩을 재배하기 시작했어요. 게다가 그림처럼 놀라운 조각상도 만들었답니다.

기원전 2300년경
사르곤 대왕이 메소포타미아 지역에서 아카드 왕국을 건설

기원전 2333년
단군왕검의 고조선 건국

기원전 2200년~기원전 2101년
중국 전설상의 우 임금이 하나라 세움

기원전 2000년
멕시코 유카탄에서 마야 문명 시작

기원전 2000년
아프리카에서 가장 오래된 흑인 왕국인 쿠시 왕국 시작

신화의 시대

기원전 1600년~기원전 750년

사람들은 떠돌이 생활을 끝내고 한 곳에 정착해 도시를 이루어 조용한 삶을 누리기 시작하면서부터, 훨씬 더 거칠고 흥미진진했던 과거와 위대한 영웅들이 활약하던 때를 즐겨 이야기했다. 그중 무엇이 신화이고 무엇이 사실인지 구별하기란 쉽지 않다.

할슈타트
기원전 1000년, 유럽

할슈타트 사람들은 켈트족으로, 서유럽과 중유럽에 살았어요. 이들은 새로운 금속, 철로 날카로운 창, 칼 그리고 도끼를 만들었어요.

고대 올림픽
기원전 776년~기원후 393년, 그리스

고대 그리스인들은 스포츠를 무척 좋아했어요. 최초의 올림픽 경기는 기원전 776년에 올림피아에서 열렸다고 해요. 그 뒤로 1,200년 동안 4년마다 열렸어요.

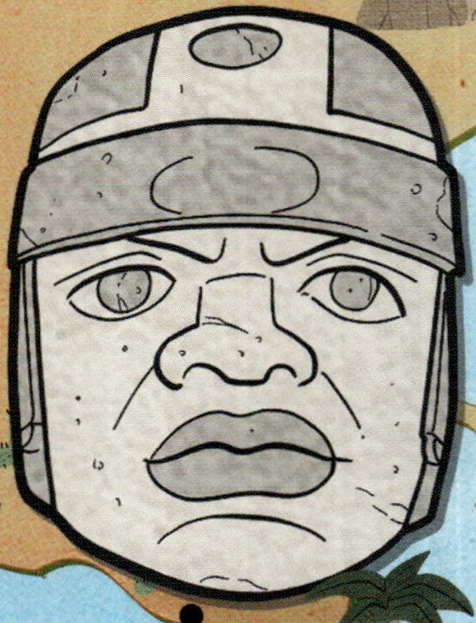

거대한 돌 머리 조각
기원전 1000년, 멕시코

올멕 사람들은 아메리카 대륙에서 최초의 위대한 문명을 이루어냈어요. 그중 '거대한' 돌 머리 조각이 가장 유명합니다. 이 돌 머리 조각은 멕시코 정글에 여기저기 흩어져 있어요.

올멕, 라 벤타 유적

기원전 1600년
중국 상나라 건국

기원전 1600년
미케네가 그리스를 지배함

기원전 1600년
히타이트 제국 시작

기원전 1500년 경
모세, 이스라엘인과 이집트에서 탈출

기원전 1279년
이집트 람세스2세가 파라오에 즉위

얼음 공주
기원전 400년경

수수께끼 같은 시베리아 공주가 알타이 산맥 우코크 고원의 얼음 속에 꽁꽁 언 채로 2,500년 동안 묻혀 있다가 발견되었어요.

● 알타이 산맥의 우코크 고원 (높은 고도에 있는 벌판)

공자 가라사대
기원전 551년~기원전 479년, 중국

공자는 철학자이자 교육자로 지혜로운 말을 많이 남겼어요. 공자는 자기 수양, 교육, 그리고 다른 사람들에 대한 배려가 중요하다고 했습니다. 공자의 사상이 오늘날까지 중국을 이끌어 왔다고 볼 수 있어요.

공자의 고향 ● 취푸시

진무
기원전 711년~기원전 586년, 일본

진무는 일본의 초대 천황이라고 전해져요. 전설에 따르면, 진무는 위대한 영웅으로 뛰어난 활쏘기 실력을 바탕으로 얼마 안 되는 부하들을 이끌고 승리를 거두었대요.

제국과 사상
기원전 750년~기원전 400년

강력한 통치자들이 전 세계에 걸쳐 페르시아 제국 같은 제국을 세웠다. 하지만 그리스에서는 학자와 저술가와 예술가들이 힘이 아닌 사상으로 세상을 완전히 바꾸어 놓았다.

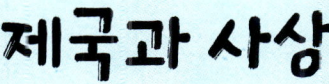

기원전 539년
키루스 2세가 바빌론을 정복

기원전 525년
페르시아, 서아시아 통일

기원전 508년
그리스의 아테네에서 민주주의가 시작됨

기원전 492년~479년
그리스와 페르시아의 전쟁

기원전 403년
중국 전국시대 시작

기원전 400년
멕시코에서 사포텍 문화 번성

동과 서의 제국들
기원전 400년~기원전 200년

강력한 통치자들이 세계를 자신의 제국 안으로 흡수했다. 중국에서는 시황제가 진나라를 세우고, 인도에서는 아소카왕이 마우리아 제국을 넓혔다. 마케도니아의 알렉산드로스 대왕이 그리스 군대를 이끌고 인도까지 진출해 거대한 제국을 만들었다.

● 아테네
스파르타
카르타고
페르세폴리스

막강한 전투 대형
기원전 338년~기원전 323년, 그리스

고대 그리스의 마케도니아 사람들이 팔랑크스 대형으로 전투에서 승리를 거두었습니다. 팔랑크스 대형이란 군인들이 창과 방패를 앞세우고 빼곡히 모여 있는 걸 말해요. 이런 전술 덕분에, 알렉산드로스 대왕은 10년이라는 짧은 시간 안에 거대한 제국을 세울 수 있었답니다.

로마 VS 카르타고
기원전 264년~기원전 146년, 지중해

레바논에서 온 페니키아족이 세운 북아프리카의 카르타고는 로마와 경쟁 관계였어요. 그래서 포에니 전쟁(카르타고와 로마 사이의 3회에 걸친 전쟁)을 통해 지중해 서쪽을 서로 차지하려 했어요. 결국 로마가 승리를 거두고, 카르타고는 망했지요.

기원전 399년	기원전 334~323년	기원전 317년	기원전 300년	기원전 264~146년
소크라테스가 사약을 먹고 죽음	알렉산드로스 대왕, 동방 원정	인도에서 마우리아 왕조 건국	멕시코에서 가장 큰 피라미드 건설	로마와 카르타고 사이에 포에니 전쟁

번성한 사포텍 문명
기원전 400년~기원후 15년, 멕시코

2,000년 동안 남부 멕시코에 위치한 사포텍 문명의 도시, '몬테 알반'이 번성하였습니다. 사포텍족의 전사이자 사제인 이들은 희생자들의 가죽을 뒤집어쓰고 전쟁을 치렀다고 해요.

지도 표시
- 알렉산더 제국
- 마우리아 제국
- 진나라

만리장성
기원전 220년, 중국

어떻게 하면 침략자들의 공격을 막아낼 수 있을까요? 간단해요. 벽을 세우면 돼요. 중국 사람들은 만리장성을 세웠는데 길이가 9,000킬로미터에 이를 정도로 엄청나게 길어요! 진 시황제가 시작했지만, 오늘날 남아 있는 벽은 대부분 명나라(1368-1644) 때 만든 것이랍니다.

아소카왕
기원전 268년~기원전 232년, 인도

아소카왕은 할아버지 찬드라굽타가 세운 마우리아 제국을 크게 넓혔어요. 아소카왕은 불교 신자로, 훌륭한 삶을 살아가기 위한 가르침을 새겨 넣은 비석과 돌기둥을 제국 전역에 세웠어요.

파탈리푸트라

병마용갱
기원전 210년, 중국

최초의 중국 황제, 진 시황제가 중국을 통일했어요. 시황제는 세상을 떠난 뒤 거대한 무덤에 묻혔는데, 그 무덤에 진흙으로 만든 실물 크기의 군대도 함께 묻었어요. 군인 8,000여 명, 말 670여 필, 그리고 마차 130여 대가 있답니다.

시안

기원전 257년
베트남에 툭판 왕조가 들어섬

기원전 221년
진나라 시황제 중국 통일

기원전 206년
중국과 유럽 사이의 비단길이 크게 열림

기원전 202년
한, 중국 재통일

기원전 200년 경
중국에서 종이 발명

기원전 200년
마야 도시, 엘 미라도르 번성

하드리아누스 성벽
122년, 영국

기원전 53년, 로마의 카이사르가 영국에 쳐들어갔어요. 로마가 영국을 정복하는 데는 90년 이상이 걸렸답니다. 그런데 로마인은 스코틀랜드의 거친 픽트족을 정복하지는 못했어요. 하드리아누스 황제가 영국을 가로질러 벽을 세워 픽트족의 침략을 막아야 했어요.

헤르만의 독일 사람들
9년, 독일

헤르만이 이끄는 독일 부족들이 독일 서북부 지역에 있는 토이토부르거 숲에서 펼쳐진 전투에서 로마 군대에 엄청난 피해를 줬어요. 로마 최악의 패배로, 이 때문에 로마가 북유럽을 진출할 길이 막혀 버렸어요.

태양 숭배
기원전 100년 경~600년 경
멕시코

600여 년 동안, 테오티우아칸은 아메리카 대륙에서 가장 큰 도시였어요. 이곳에는 피라미드가 우뚝 솟아 있었다고 해요. 아즈텍 사람들이 나중에 '태양의 피라미드'라고 불렀지만, 원래 어떤 이름이었는지 아는 사람은 아무도 없어요.

화산 폭발
79년, 이탈리아

로마의 도시 폼페이는 베수비오 화산이 폭발하는 바람에 화산재에 파묻혔습니다. 수천 명이 목숨을 잃었지만, 화산재 덕분에 이 도시는 2,000년 동안 잘 보존될 수 있었어요.

기원전 108년	기원전 90년 경	기원전 58년~기원전 50년	기원전 57년	기원전 37년	기원전 27년
고조선 멸망, 한 군현 설치	사마천은 역사서 《사기》를 완성함	카이사르가 갈리아를 전쟁으로 정복	신라 건국	고구려 건국	로마 제국 시작 초대 황제로 아우구스투스 즉위

미친 황제들
37년~41년(칼리굴라), 54년~68년(네로), 로마

칼리굴라와 네로 황제는 미친 황제라고 불립니다. 둘 다 흥청망청 파티를 즐기는 것도 모자라, 칼리굴라는 자기가 타던 말을 나라의 중요한 자리에 앉히려고까지 했어요. 네로는 로마에 불을 질렀고요.

카이사르와 클레오파트라
기원전 48년, 알렉산드리아, 이집트

로마의 카이사르가 이집트에 이르렀을 때, 젊은 클레오파트라 여왕은 카이사르의 도움이 필요했어요. 그래서 직접 자신의 몸을 카펫에 돌돌 말아 카이사르에게 배달했어요. 둘은 곧 사랑에 빠졌죠.

한나라의 번영
기원전 206년~기원후 220년, 중국

한나라 시대에 종이, 나침반 그리고 지진을 탐지하는 도구 같은 수많은 지혜로운 물건이 발명되었어요. 이로 인해 중국인의 삶이 세련되어졌어요. 왕궁에 사는 사람들은 호화로운 비단옷을 입었답니다.

중국

트리야누스 황제 시대 영역
　로마 제국

알렉산드리아
이집트

막강한 로마
기원전 200년~기원후 200년

기원전 44년, 위대한 로마의 장군 줄리어스 카이사르가 암살을 당했다. 로마 공화국은 망하고, 카이사르의 양아들이 아우구스투스 황제가 되었다. 얼마 뒤, 훈련을 잘 받은 로마의 막강한 군대가 유럽과 지중해까지 광대한 제국을 이룩했다.

기원전 18년 백제 건국

기원전 4년 예수 그리스도 탄생

79년 베수비오 화산 폭발, 폼페이 최후의 날

120년 경 쿠샨 제국의 카니슈카 왕이 불교를 크게 지원함

150년 경 프톨레마이오스, 천동설 주장

184년 중국 황건적의 난

로마 스타일
300년, 영국

로마인은 영국과 아일랜드 사람들에게 빌라라고 알려진 적절한 집 형태와 편안한 삶의 방법을 전해 주었어요. 중앙 난방, 적절한 욕조와 침실, 그리고 모자이크 바닥 등을 소개했어요.

호프웰 사람들
기원전 100년~기원후 500년, 미국

수 세기 동안, 미국 오하이오 지역의 호프웰 사람들은 농사를 지으며 초가지붕 집을 짓고 마을을 이루어 살았어요. 또한 아름다운 금속 공예품을 만들고 커다란 예술 작품을 만들었어요.

로마 제국의 몰락
200년~476년

285년, 거대한 로마 제국이 둘로 나뉘었다. 서쪽은 로마가 지배하고, 동쪽은 콘스탄티노플(지금의 이스탄불)이 지배했다. 그 뒤로 북쪽과 동쪽에서 고트족, 훈족, 반달족 등 여러 부족이 로마로 침략해 들어왔다. 476년, 결국 서로마 제국은 무너졌다. 동로마 제국은 비잔티움 제국이라고 불리며, 1453년까지 존재하였다.

나스카 문화
기원전 100년~기원후 800년, 페루

페루의 나스카 지역에 살던 사람들은 독창적인 지하 송수관을 만들었어요. 또한 사막에 '나스카 선'이라고 알려진 커다란 그림을 그려놨는데, 이 그림은 하늘에서 봐야만 볼 수 있답니다.

220년
중국에서 삼국 시대 시작

224년
사산 왕조가 페르시아를 지배하기 시작함

269년
제노비아 여왕, 팔미라 (현재 시리아)를 강대국으로 만들다

280년
진나라 중국 통일

320년
인도에서 굽타 왕조 시작

375년
게르만족의 대이동 시작

누가 누구일까?

고대의 역사 속에는 다양한 사람들이 많이 등장합니다. 이들 중에는 고대 이집트인들처럼 아주 유명한 이들도 있어요. 또 어떤 사람들은 시간의 안개 속에서 오랫동안 잊히기도 했고요. 이 책을 통해 만난 사람들을 모아 놓았어요.

13,000년 전

클로비스인 : 뾰족한 창을 만들다
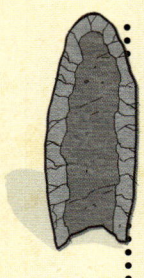
13,000년 전

뉴멕시코 지역의 클로비스 사람들이 최초의 북아메리카에 산 사람으로 알려져 있어요. 클로비스 포인트라는 뾰족한 돌창 끝부분으로 유명해요.

수메르인 : 문명을 이루다!
기원전 4500년~기원전 2004년

수메르인은 오늘날의 남부 이라크에 살았어요. 세계 최초의 위대한 문명을 이룩했답니다. 문자 체계와 바퀴를 발명했어요.

카르타고인 : 무역 도시를 세우다
기원전 814년~기원전 146년

레바논에서 온 페니키아족이 지금의 아프리카 북부 튀니지 땅에 카르타고를 세웠어요. 이곳은 강력한 무역 도시로 성장해서 그리스 사람들과 로마 사람들과 경쟁하였어요.

사포텍족 : 문자를 발달시키다
기원전 700년~기원후 1521년

멕시코 사포텍 문명은 최초의 아메리카 문자를 발달시켰어요.

고대 로마인 : 어디를 가도 로마
기원전 753년~기원후 476년

500년 동안, 도시국가 로마는 공화국이었어요. 하지만 기원전 27년부터 로마의 훈련된 군대가 유럽 대부분을 다스리는 거대 제국을 건설하고 새로운 건축과 기술로 지배했어요.

스키타이족 : 기마 민족
기원전 900년~기원전 100년

스키타이족은 오늘날의 우크라이나와 카자흐스탄 지역에 살았어요. 유목민으로, 말을 타고 싸운 최초의 사람들이에요.

고대 페르시아인 : 유럽과 대적하다
기원전 585년~기원후 651년

키루스 2세가 페르시아 사람들을 통일해 오늘날 이란 지역에 제국을 이룩했어요. 그리고 로마의 강력한 경쟁자가 되었지요. 페르시아인은 초고속이며 호화로운 통신 수단인 전령 방식을 남겼어요.

고대 그리스인 : 클래식이 되다!
기원전 500년~기원전 323년

고대 그리스는 아테네를 중심으로 철학과 과학의 뛰어난 지식을 꽃피웠어요. 또한 드라마와 우아한 신전과 조각으로 세상을 바꾸어 놓았지요.

고대 이집트인: 나는 내 미라를 원해
기원전 3100년~기원전 332년

고대 이집트인들은 나일강에 위대한 문명을 세웠어요. 파라오가 나일강 유역을 다스렸는데, 피라미드와 미라를 남겼어요.

예술을 사랑한 아카드족
기원전 2334년~기원전 2154년

아카드족은 메소포트-미아(오늘날의 이라크 지역)를 다스렸어요. 수메르족과 친척으로, 최초의 우편 서비스를 도입했어요.

놀라운 아시리아인
기원전 2450년~기원전 612년

아시리아 제국은 중동에서 꽃피운 수많은 문명 중에서 가장 오랫동안 강력하게 이어졌어요. 아시리아인은 잔인하고 막강한 군인이자 솜씨 좋은 건축가였어요.

말이 끄는 히타이트인
기원전 1800년~기원전 1180년

히타이트인은 아나톨리아(터키)의 언덕 의 도시에서 살았어요. 전차와 정교하게 만든 철 무기로 제국을 이루었어요.

강력한 마야족
기원전 2000년경~기원후 1697년

중앙아메리카의 마야 문명은 4,000년 이상 이어졌어요. 마야족은 피라미드를 세우고, 완벽에 가까운 아메리카 문자 체계를 발명했어요.

페니키아족: 해상 무역에 나서다
기원전 1500년~기원전 300년

페니키아족은 레바논의 항구 도시들에서 왔어요. 지중해를 가로질러 멀리까지 해상 무역을 했어요.

올멕인: 거대한 돌 머리 조각
기원전 1600년~기원전 400년

커다란 돌 머리를 세운 것으로 유명한 남부 멕시코의 올멕은 최초의 아메리카 문명이었습니다.

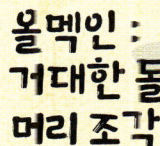

켈트족: 금속 장인
기원전 750년~기원전 12년

켈트족은 호전적인 사람들로, 주로 중앙유럽과 북서유럽에 살았습니다. 금속 공예와 보석 세공에 아주 뛰어났어요.

고트족: 공포의 대상
394년~775년

고트족은 게르만 민족으로, 발트해 연안의 고향에서부터 서쪽으로 이주해 와 로마 제국을 쳐들어갔어요. 그중 서고트족과 동고트족이 가장 규모가 컸어요.

775년

세상에, 이런 일이!

고대 역사에 나오는 기이한 이야기들을 소개합니다.

거대한 람세스

이집트의 파라오, 람세스 2세는 위대한 인물로 칭송받는데, 그건 사실 대부분 선전에 불과해요. 람세스 2세는 히타이트와 긴 소모전을 펼치고 밀실에서 평화조약을 맺었지요. 그리고는 놀라운 승리를 거두었다며 자랑하고, 자신의 거대한 조각상을 세우게 했어요.

푼트 탐험

기원전 1503년부터 기원전 1482년 동안 이집트 여왕이었던 하트셉수트는 향료, 흑단 또는 황금이 필요하면, 푼트라는 놀라운 땅으로 탐험을 떠났다고 해요. 하지만 정말 그런 곳이 있었는지는 아무도 모릅니다. 홍해의 바닷가에서 발견된 탐험용 배에 쓰던 노가 유일한 증거입니다. 현재는 푼트 지역이 아프리카 동쪽 에리트레아와 소말리아 북부 쪽으로 예상하고 있어요.

코끼리를 타고 알프스로

기원전 218년, 카르타고의 한니발 장군이 북쪽에서 로마로 쳐들어가서 로마 사람들을 깜짝 놀라게 만들었습니다. 그러려면 카르타고 군대가 알프스 산맥을 넘어야 했고, 코끼리도 잘 훈련시켜야 했어요. 당시 그곳에는 길이 없고, 그저 좁고 엄청 미끄러운 통로와 깎아지른 절벽밖에 없었어요. 놀랍게도, 한니발 장군은 그 힘든 일을 해냈어요!

싹둑 자르다

기원전 333년, 알렉산드로스 대왕은 군대를 이끌고 오늘날 터키 지역의 고르디움이라는 도시에 이르렀어요. 그곳에 유명한 전차가 마구 뒤엉킨 매듭에 묶여 있었어요. 사람들은 "아시아의 정복자만이 이 매듭을 풀 수 있다!"고 말했어요. 알렉산드로스 대왕은 망설이지 않고 손에 들고 있던 칼로 매듭을 싹둑 잘라 버렸답니다.

내가 스파르타쿠스다

스파르타쿠스는 로마의 노예로, 검투사 훈련을 받았습니다. 검투사란 구경하는 사람들의 즐거움을 위해 원형경기장 안에서 죽을 때까지 싸워야 하는 전사예요. 기원전 73년, 스파르타쿠스는 탈출해 노예들로 이루어진 군대를 이끌고 로마와 전쟁을 벌였습니다. 1간 명의 강력한 군대로 몇 차례 승리도 거두었지만 결국 이 반란은 실패하고, 스파르타쿠스를 비롯한 많은 노예들이 십자가에 못 박혀 죽었습니다.

찻잔 속의 벌레 한 마리

중국의 전설에 따르면, 황제의 부인인 누조 황후가 뽕나무 아래에서 차를 마시고 있을 때. 누에고치가 컵에 떨어져 더운거리는 비단 실을 풀었다고 해요. 누에는 누에나방의 애벌러예요. 황후는 누에에서 비단을 뽑는 방법을 찾아냈어요. 중국의 부자들은 이 값비싼 옷감을 입었어요. 또한 길고 긴 비단길(실크로드)을 따라 비단이 유럽 부자들 손에 들어가게 되었답니다.

2부
정복자와 왕조
476년 ~ 1500년

| 정복자와 왕조 | 36 |

왕, 그리고 기독교	38
이슬람의 등장	40
이슬람과 바이킹	42
유럽 북쪽의 왕국들	44
바이킹 전성시대	46
정복과 붕괴	48
기사, 전사, 그리고 상인	50
몽골 제국	52
전염병과 반란	54
항해가와 탐험가들	56

누가 누구일까? · · · · · · · 58
세상에, 이런 일이 · · · · · · · 60

중세시대

중세시대는 로마 제국이 몰락하고 1000년 뒤 르네상스가 일어나기까지의 기간을 말합니다. 사람들은 르네상스를 통해 그리스와 로마의 사상을 '재발견'하게 되었지요. 중세라는 말은 유럽에서만 사용됩니다. 다른 지역은 각기 나름대로의 방식으로 그 시기를 부릅니다.

아메리카

아메리카의 대부분 지역은 조용히 흘러갔습니다. 당시 여러분이 중앙아메리카에 살았다면, 숲속에 피라미드를 지은 강력한 마야족의 지배를 받았을 겁니다. 1400년대에 살았다면, 야만적인 아즈텍 제국이나 무시무시한 잉카 제국의 손아귀에서 고통받았을 테고요.

정복자와 왕조

476년에 서로마 제국이 멸망하자 유럽은 혼돈에 빠져들게 되었다. 사람들은 너무 혼란스러워 이 시기에 대한 기록을 제대로 보존하지 못했다. 그래서 이 시기를 '암흑기'라고 부르기도 한다. 이때는 갑옷을 입고 칼을 차고 말을 타고 싸우는 전사들의 시대였다. 또한 이때 기독교인들이 처음으로 교회와 수도원을, 이슬람 교인들은 모스크를 지었다.

2명의 아우구스티누스
알제리와 영국

이 시기에 아우구스티누스 성인이 두 명 있었어요. 4세기의 아우구스티누스는 알제리의 히포에 살던 위대한 사상가였어요. 6세기의 아우구스티누스는 영국에 기독교를 전파한 사람으로, 캔터베리 대성당의 초대 대주교 자리에 올랐어요.

히포, 아우구스티누스 성인이 살던 곳

화강암 기둥의 도시, 악숨
100년 경~940년, 에티오피아

악숨은 로마와 인도 사이에 위치한 교역의 중심이었어요. 이곳 사람들은 화강암 기둥의 건물을 좋아했어요. 그중에는 높이가 24미터에 이르는 기둥도 있었다고 해요.

악숨

왕, 그리고 기독교
476년~600년

최고의 권력 로마가 무너지자, 무장한 지도자들은 유럽에 왕국을 세웠다. 클로비스 1세는 프랑스에서, 테오도릭은 이탈리아에서, 그리고 전설의 아서는 영국에서 왕이 되었다. 많은 왕들이 기독교로 개종했다. 클로비스 1세는 왕비 클로틸드의 영향을 받아 기독교로 개종했다. 그 중에는 성인으로 추앙받은 사람들도 있었는데, 예를 들면 콜룸바, 패트릭, 브리지다 같은 아일랜드 성인들이다.

전염병에 걸린 여자들이 콘스탄티노플의 주교와 함께 있는 모습

치명적인 전염병
541년~542년, 터키

유스티니아누스 1세의 이름에서 유래한 '유스티니안 역병'이 콘스탄티노플을 집어 삼키고 서쪽과 동쪽으로 마구 퍼져나갔어요. 이로 인해 2500만 명이 목숨을 잃었다고 해요. 당시 인구의 15퍼센트에 해당된다고 합니다.

563년 콜룸바 성인이 이오나 수도원을 세움	**565년** 비잔티움 제국의 명장, 벨리사리우스 사망	**570년** 이슬람교의 예언자 무함마드 탄생	**589년** 수나라가 중국을 통일함	**590년** 그레고리우스 1세가 교황의 자리에 오름	**573년** 스이코가 일본 최초로 여성 천황의 자리에 오름

측천무후
690년~705년, 중국

측천무후는 중국을 다스린 최초의 여성입니다. 남편 당나라 고종 황제가 죽고 난 뒤 나라를 다스리기 시작했는데, 당시 아들이 너무 어렸기 때문이었어요. 강인하면서도 친절한 통치자였다고 알려져 있어요.

일본, 불교를 받아들이다
593년~622년, 일본

일본의 쇼토쿠 태자는 고구려 승려 혜자와 백제 승려 혜총으로부터 불교를 배워 일본에 불교를 널리 퍼트렸어요. 또한 공자의 가르침도 일본 내에 소개했지요.

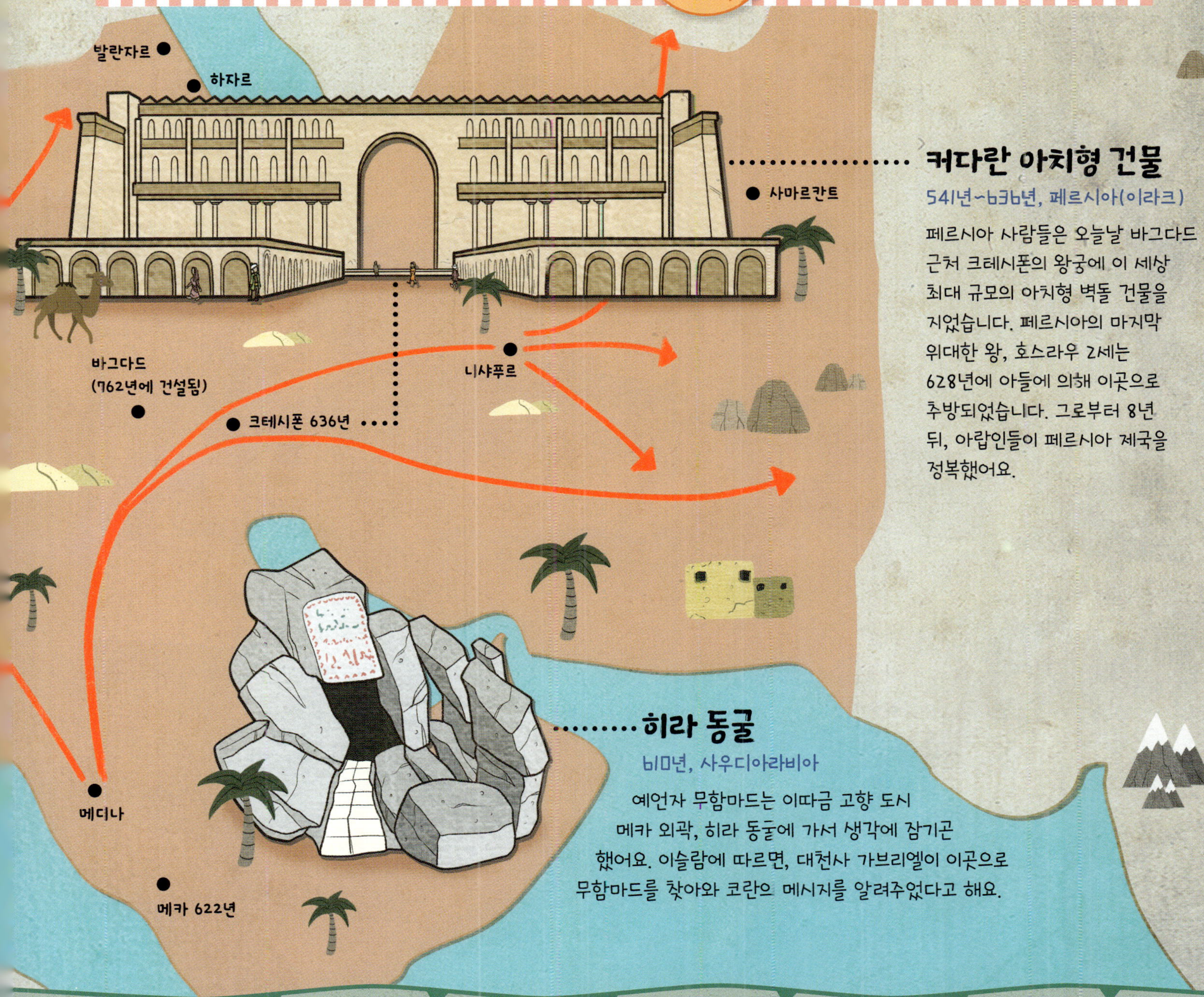

고구려 · 신라 · 백제

커다란 아치형 건물
541년~636년, 페르시아(이라크)

페르시아 사람들은 오늘날 바그다드 근처 크테시폰의 왕궁에 이 세상 최대 규모의 아치형 벽돌 건물을 지었습니다. 페르시아의 마지막 위대한 왕, 호스라우 2세는 628년에 아들에 의해 이곳으로 추방되었습니다. 그로부터 8년 뒤, 아랍인들이 페르시아 제국을 정복했어요.

발란자르 · 하자르 · 사마르칸트 · 바그다드 (762년에 건설됨) · 니샤푸르 · 크테시폰 636년

히라 동굴
610년, 사우디아라비아

예언자 무함마드는 이따금 고향 도시 메카 외곽, 히라 동굴에 가서 생각에 잠기곤 했어요. 이슬람에 따르면, 대천사 가브리엘이 이곳으로 무함마드를 찾아와 코란의 메시지를 알려주었다고 해요.

메디나 · 메카 622년

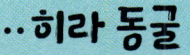

660년	668년	674년	676년	680년	690년	698년
백제 멸망	고구려 멸망	콘스탄티노플을 처음으로 무슬림이 포위 공격함	신라, 삼국 통일	카르발라 전투 이후 이슬람은 수니파와 시아파로 분열	측천무후가 중국 황제의 자리에 오름	발해 건국

이슬람과 바이킹
700년~800년

이슬람교를 믿는 무슬림은 에스파냐에서 중국까지 이슬람 세력을 넓혀갔다. 하지만 프랑스에서는 프랑크족을 상대로 한 투르 전투에서 패배했다. 프랑크족은 카롤루스 1세(샤를마뉴 대제)의 지도 아래 곧 새로운 '로마', 신성로마 제국을 유럽에 세웠다. 한편, 무시무시한 바이킹 선원들이 스칸디나비아 고향에서부터 아주 멀리까지 침략하곤 했다.

당나라 화약
800년경, 중국

당나라 시기에, 중국은 화약으로 폭발물을 만드는 법을 발명해 냈어요. 처음에는 성냥을 만들었어요. 하지만 이내 적을 상대로 로켓에 불을 붙이는 법을 찾아냈지요. 이 비결은 4세기가 더 지나서야 유럽에 전해졌어요.

아라비안나이트
786년경~809년, 바그다드

하룬 알 라시드 칼리프의 지배 아래, 뛰어난 학자들이 그리스 사상가들의 위대한 작품들을 번역하고, 새로운 발견을 이룩했습니다. 칼리프는 <아라비안나이트: 천일야화>를 무척 좋아했다고 해요.

보로부두르 불교 사원
760년~825년, 인도네시아

8세기에 세상에서 제일 큰 불교 사원을 짓기 시작했어요. 하지만 500년 뒤, 이 사원은 폐허가 되었어요. 1814년에 정글 속에서 찾아냈답니다.

755년~763년	757년	760년	762년	762년	793년
중국 당나라에서 안사의 난 일어남	오파 왕이 잉글랜드 대부분을 지배함	인도네시아에서 보로부두르 불교 사원을 짓기 시작함	바그다드가 건설됨	카롤루스 1세의 프랑크 제국이 시작됨	바이킹이 린디스판의 기독교 수도원을 쳐들어감

유럽 북쪽의 왕국들
800년~900년

유럽에서 새로운 나라들이 등장하기 시작했다. 케네스 1세가 영국 북부 지방 스코틀랜드의 초대 왕이 되었다. 알프레드 왕은 바이킹을 물리치고 영국 중남부 지역에 잉글랜드를 세우는 데 큰 역할을 했다. 프랑크 제국은 프랑스와 독일로 나뉘었다. 바이킹 류리크는 최초의 러시아, 키예프 대공국을 세우고, 보리스 1세는 불가리아를 세웠다.

잉글랜드와 아이슬란드
871년~899년

앵글로-색슨족인 알프레드 왕이 영국 잉글랜드에서 바이킹을 몰아냈어요. 그 뒤로, 몇몇 대담한 바이킹들이 아이슬란드에 정착했어요. 이들은 930년에 세계 최초의 의회, 알싱을 개최했어요.

아이슬란드

윈체스터, 옛 잉글랜드의 수도

파티마의 책
859년, 모로코

오늘날 페스라는 도시에 살던 상인의 딸, 파티마 알 피흐리가 세계에서 가장 오래된 도서관, '알 카라윈'을 지었어요. 파티마는 그곳에 대학을 세웠어요. 지금은 가장 오래된 대학이라 불리어요.

코르도바

마야의 수수께끼
850년경

멕시코 마야 문명의 중심이 무너졌어요. 도시들이 이유도 없이 사라졌어요. 정글로 뒤덮인 위대한 사원들만 남았답니다.

800년
카롤루스 1세, 신성 로마 황제에 등극

809년
비잔티움 사람들이 불가리아 사람들과 전쟁을 벌임

810년
케네스 맥알핀이 스코틀랜드 초대 왕에 오름

814년
카롤루스 1세 사망

828년
장보고, 청해진 설치

846년
무슬림들이 로마를 침략함

뚱보왕 카롤루스
884년~887년, 독일

뚱보왕 카롤루스(카롤루스 3세)는 엄청 게을렀다고 해요. 하지만 카롤루스 3세가 다스리던 카롤루스 왕조는 얼마 지나지 않아 서유럽에서 로마 이후 가장 큰 제국이 되었어요.

불가리아의 보리스 1세
852년~889년, 불가리아

유럽의 기독교는 서쪽의 로마와 동쪽의 콘스탄티노플을 중심으로 둘로 갈라졌어요. 불가리아의 왕 보리스 1세는 콘스탄티노플과 가깝게 지냈어요. 보리스 1세는 불가리아를 기독교 국가로 개종하고 불가리아 제국을 다스렸어요.

● 키예프

● 로마
● 플리스카, 옛 불가리아의 수도
● 콘스탄티노플
● 다마스쿠스
이란

후지와라 가문
794년~1185년, 일본

일본은 350년 동안 황제가 아니라 후지와라 가문의 지배를 받았습니다. 후지와라 가문은 황제가 반드시 자기 집안 딸 중 하나와 결혼해야 한다고 주장했어요.

발해
신라

촐라족의 건축술
850년~870년, 인도

인도 남부의 촐라 사람들은 오늘날 타밀족의 조상입니다. 이들은 기원전 300년경에 처음 등장했어요. 850년에 비자야라야 왕이 세운 거대한 제국은 4세기 동안 이어졌어요.

아랍의 별자리 관측
828년경

이슬람 신도들은 기도할 시간과 방향을 알아야 했기에 별자리를 활용했어요. 828년, 바그다드에 천문 관측소를 지었어요. 나중에는 그림과 같은 이란 마라게에 유명한 천문대를 세웠답니다.

862년	870년경	872년	875년	885년
류리크가 키예프 대공국을 세움	바이킹이 아이슬란드에 정착함	미발왕(아름다운 머리카락이라는 뜻) 하랄이 노르웨이를 통일함	중국 당나라에서 황소의 난이 일어남	불가리아에서, 성 치릴로가 슬라브어 문자를 만듦

바이킹의 땅, 빈란드
985년, 캐나다

바이킹 전설에는 바이킹 선원들이 985년에 아메리카를 발견한 이야기가 잘 묘사되어 있습니다. '레이프 에릭슨'이 이끄는 무리가 그곳에 정착해, '빈란드'라 불렀다고 해요.

오토 대제
955년, 독일

중앙 아시아의 유목 기마민족인 마자르족의 중부유럽 지배는 레히펠트 전투를 계기로 끝이 났습니다. 이후 독일의 오토 대제(오토 1세)는 신성로마 제국의 황제로 즉위했어요.

걷는 자 흐롤프
911년, 프랑스

사나운 프랑크족도 바이킹 또는 옛 스칸디나비아인의 북프랑스 노르망디 지방에 대한 요구를 뿌리칠 수 없었습니다. 노르망디에 사는 노르만족의 최초의 지배자 롤로는 '걷는 자 흐롤프'라 불렸습니다. 덩치가 하도 커서 탈 수 있는 말이 없었다고 해요!

노르망디 · 레히펠트 전투 · 코르도바 · 로마

바이킹 전성시대
900년~1000년

10세기, 바이킹은 무척 활동적이었다. 이들은 북아메리카까지 항해해 그곳에 정착하고, 북부 프랑스를 차지했다. 러시아에 정착해 그곳에도 나라를 세웠다. 심지어 비잔티움 제국 황제의 개인 경호원이 되기도 했다!

지도 표시
→ 이주와 침략
■ 바이킹 활동 지역

907년	916년	918년	926년	927년	936년
중국 당나라 멸망	거란, 요나라 건국	왕건, 고려 건국	발해 멸망	영국 잉글랜드가 통일됨	고름대왕(노왕 고름)이 덴마크 초대 왕위에 오름

지폐를 만들다
960년, 중국

중국에서는 동전의 재료가 되는 구리가 귀했어요. 심지어 무거운 동전을 나르는데 사람들은 질렸어요. 그래서 송나라 때 교자라는 종이돈을 발행했어요. 이것이 세계 최초의 지폐로 볼 수 있어요. 교자란 지불하겠다는 약속을 뜻해요.

러시아의 탄생
967년~1015년

노보고로드의 왕자, 블라디미르 1세가 러시아를 통일하고 그리스 정교를 국교로 삼으며 영토를 넓히고 국가 체계를 갖추었어요.

물레
900년경, 중국/인도

옛날 사람들은 두 손으로 막대기 또는 실패를 사용해 옷감 짜는 실을 만들었어요. 그런데 페달로 돌리는 물레가 발명되면서 훨씬 더 빨리 실을 만들게 되었어요. 물레의 발명 덕분에 두 손이 자유롭게 되었지요.

바랑인 근위대
988년~1453년, 터키

바오 킹은 열 살이 되면 활, 창, 칼로 싸우는 법을 배웁니다. 비잔티움의 황제들은 바이킹을 경호원으로 고용했는데, 이들을 '바랑인 근위대'로 불렀답니다. 바랑인이란 고대 스칸디나비아 민족을 일컫습니다. 바랑인은 머리가 길고, 루비 귀걸이를 하고, 용 그림을 그린 쇠사슬 갑옷을 입었습니다.

936년
고려, 후삼국 통일

955년
레히펠트 전투에서 독일이 승리를 거둠

960년
중국 송나라 건국

962년
오토대제가 신성로마 제국 황제의 자리에 오름

987년
위그 카페, 프랑스 카페 왕조의 초대 왕위에 오름

988년
키예프 대공국의 블라디미르 1세가 그리스정교로 개종함

노르만족의 침략
1066년, 영국

영국 잉글랜드의 해럴드 2세는 바이킹 공격을 물리치고 (스탬퍼드 브리지 전투) 2주 뒤, 프랑스에서 온 노르만족한테 패합니다. (헤이스팅스 전투) 노르만은 정복자 윌리엄이 이끌었는데, 윌리엄은 해럴드 2세가 죽고 나서 잉글랜드의 왕이 되었어요. 노르만족은 잉글랜드와 웨일즈 전역에 성을 지어 지역 앵글로-색슨족을 계속 견제했습니다.

십자군 기사들
1096년

기사와 농부로 이루어진 대규모 군대가 교황의 요청으로 서유럽의 땅을 떠나 십자군 전쟁에 나섰습니다. 이 군대는 몇 달을 걸어서 마침내 콘스탄티노플에 도착했어요. 이윽고 예루살렘으로 들어가서 도시를 장악하고 이슬람 신도와 유대인을 학살했습니다.

대학의 등장
1088년, 이탈리아

옛날 사람들은 개인 가정교사한테 배웠습니다. 그러다가 1088년, 유럽 사람들은 이탈리아의 볼로냐에서 지금과 같은 대학을 처음 만나게 됩니다. 그곳에서 학자들은 함께 모여 공부할 수 있었지요. 8년 뒤, 옥스퍼드 대학교가 설립되었습니다.

교회의 대분열
1054년

수 세기 동안의 긴장 관계 이후, 로마의 기독교도와 콘스탄티노플의 기독교도는 마침내 1054년에 갈라서기로 했습니다. 이것을 '교회의 대분열'이라고 부릅니다. 기독교는 서쪽의 가톨릭과 동쪽의 정교회로 나뉘었습니다.

1011년	1016년	1019년	1021년경	1025년	1037년
브리안 보루가 아일랜드를 통일함	덴마크의 크누트 대왕이 잉글랜드 왕으로 추대됨	고려 강감찬이 귀주에서 거란을 크게 이김	일본에서 〈겐지이야기〉가 발표됨	이슬람의 의학자 아비첸나가 『의학 규범』을 씀	투르크족 셀주크 제국 건국

정복과 붕괴
1000년~1100년

1066년, 프랑스의 노르만족이 영국 잉글랜드를 정복했다. 하지만 그 이후 다가올 기독교와 이슬람 사이의 대결에 비하면 이것은 큰 사건도 아니었다. 비잔티움 사람들이 터키에 대항해 싸우다 도움을 요청하면서 그 모든 게 시작되었다. 교황 우르반 2세는 이 부탁을 들어주기 위해 성지로 싸우러 갈 십자군을 모았다.

꾸불꾸불 뱀 고분
1070년, 미국

인디언 원주민들이 길이 366미터, 높이 1.5미터의 흙무덤(그레이트 서펜트 마운드)을 만들었어요. 어떤 사람들은 이 흙무덤이 하늘을 관측하기 위한 것이라고 추측했어요. 초신성과 혜성이 보일 때 이 무덤을 만들었다고 해요.

최초의 장편 로맨스 소설
1021년, 일본

일본의 궁녀 무라사키 시키부가 <겐지 이야기>를 썼어요. 최초의 장편 소설로 인정되기도 하는 이 책은 총 3부, 54권으로 겐지 왕자의 당시 생활상을 잘 표현한 연애 이야기가 담겨 있답니다.

지도 표시
→ 1차 십자군

1040년	1066년	1088년	1093년	1094년	1096년
맥베스가 스코틀랜드 왕위에 오름	노르만족의 잉글랜드 정복	볼로냐 대학 설립	킵차크가 키예프 대공국을 크게 물리침	에스파냐 영웅 엘 시드 장군이 발렌시아를 정복함	십자군 전쟁 시작

뤼베크, 상인들이 교역을 보호하기 위한 한자 동맹의 중요 도시

독일

수도원의 음악
1150년경~1179년, 독일

'힐데가르트 폰 빙엔' 같은 똑똑한 소녀에게는 수도원만한 곳이 없었어요. 힐데가르트는 과학과 예술에 대한 글을 썼는데, 최초의 작곡가이기도 했습니다.

● 아키텐

로마

콘스탄티노플

어디를 가리키는 거지?
1190년경

중국에서 자기 나침반이 발명되었습니다. 유럽 선원들은 나침반 덕분에 언제든 방향을 찾아 항해할 수 있게 되었지요.

시실리

전설의 대도시
1150년경, 짐바브웨

'그레이트 짐바브웨'는 아프리카 짐바브웨에 있는 돌로 만든 도시로, 지금은 폐허로 남아 있습니다. 누가 이 도시를 지었는지 아무도 모릅니다. 마찬가지로 이 도시가 왜 버려졌는지도 모르고요. 학자들은 현지에 사는 쇼나족이 이 도시를 지었을 거라고 생각합니다.

그레이트 짐바브웨

두 전사
1190년, 이스라엘

3차 십자군 전쟁에서, 영국 잉글랜드의 '사자왕' 리처드 1세와 이슬람 지도자 살라딘은 예루살렘 주변에서 여러 번 격돌했다. 그러면서도 서로를 존경했다고 한다. 리처드 왕이 병에 걸려 쓰러지자, 살라딘이 물을 가져다 주었습니다. 리처드 왕의 말이 죽자, 살라딘은 말 한 필을 보내기도 했어요.

1115년	1121년	1127년	1145년	1145년	1155년
중국에서 금나라가 일어남	조지아의 왕 다비드 4세가 터키를 무찌름	중국 북송 멸망, 남송 시대 시작	2차 십자군 전쟁 시작	고려 김부식, '삼국사기' 편찬	프리드리히 1세 바르바로사가 신성로마 제국 황제가 됨

붉은 수염
1155년~1190년, 독일

독일의 우락부락한 프리드리히 1세 바르바로사('붉은 수염')는 신성로마제국의 황제가 되었습니다. 그런데 프리드리히 1세는 교황의 우두머리 노릇을 거부하고, 교황에 대항해 대립 교황을 내세웠습니다. 하지만 1190년에 터키에서 강을 건너다 익사하고 말았습니다.

기사, 전사, 그리고 상인
1100년~1200년

유럽에서 이 시기에는 대성당이 높이 솟고, 성채를 튼튼하게 짓고, 수도원은 조용하게 있었다. 또한 이때 상인들은 시장에서 활기차게 장사를 하고, 기사들은 십자군 전쟁에 나서기도 했다. 이슬람 세계에서, 세련된 도시 곳곳에서 학문이 정점에 이르렀다. 이슬람의 앞선 학문과 문화는 유럽에 큰 영향을 끼쳤다.

키프로스
하틴 전투
카이로
예루살렘

3차 십자군 전쟁 경로
→ 사자왕 리처드
→ 프리드리히 1세 바르바로사

싸움꾼이자 은행가
1119년

수많은 순례자들이 예루살렘의 사원으로 여행을 떠났습니다. 이 순례자들을 보호하기 위해 성당기사단을 꾸렸어요. 기사들은 대부분 뛰어난 무사였는데, 순례자들의 돈을 맡아주면서 자연스레 유럽 최초의 은행가가 되었습니다.

사무라이 시대
1192년 일본

1192년에 미나모토노 요리토모가 쇼군(장군)의 자리에 올라 무사들에 의한 무사 정치, 막부 시대가 시작되었다. 당시 일본의 황제는 권한이 거의 없었다. 중앙 귀족을 가까이 보필하는 사무라이가 이때 등장하였고, 이후 700년 동안 일본은 무사들에 의한 정치가 계속되었다.

1166년 스테판 네마냐 왕이 세르비아 제국을 건설함

1170년 캔터베리 대주교 토머스 베켓이 살해당함

1170년 고려 무신 정변이 발생함

1187년 살라딘이 예루살렘에서 승리를 거둠

1189년 3차 십자군 전쟁 시작

1192년 리처드 1세가 야파 전투에서 살라딘을 무찌름

몽골 제국
1200년~1300년

이 시기에는 테무진의 놀라운 이야기가 탄생한다. 중앙아시아의 가난한 유목민 소년 테무진은 위대한 왕, 칭기즈칸으로서 몽골의 지도자가 된다. 테무진은 잔인하며 용맹한 몽골 유목민을 이끌고 동쪽으로는 고려, 서쪽으로는 이슬람 제국, 심지어 유럽까지 뻗어가 역사상 가장 커다란 제국을 이룩했다.

쿠빌라이칸
1260년~1294년

칭기즈칸의 손자 쿠빌라이칸의 지배 아래, 몽골은 중국을 차지했습니다. 쿠빌라이칸은 중국의 황제가 되어, 새로운 왕조인 원나라를 시작했어요.

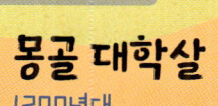

몽골 대학살
1200년대

몽골인들은 사람들을 벌벌 떨게 만들어 거대한 제국을 세웠어요. 이들은 말을 타고 도시를 급습해 닥치는 대로 죽였습니다. 수천 만 명의 목숨을 앗아갔고, 바그다드 같은 도시들을 마구 파괴했습니다.

몽골 제국 초기 수도 카라코룸

사마르칸트

카이펑

중국

고려

여행자가 들려주는 이야기
1300년, 이탈리아

이탈리아 베네치아의 여행자 마르코 폴로가 1200년대 말에 중국을 방문했습니다. 그 이후 쿠빌라이칸의 궁전에서 있었던 자신의 모험담을 글로 썼어요. 이것이 바로 <동방견문록>입니다. 200년 뒤에 콜럼버스는 이 책에 영감을 받아 서쪽으로 배를 몰고 가려고 했습니다.

1241년	1258년	1271년	1295년	1297년	1299년
북유럽에 상업적 목적의 한자 동맹 결성	몽골이 바그다드를 파괴함	몽골, 중국에 원나라를 세움	마르코 폴로가 중국에서 베네치아로 돌아옴	스코틀랜드 윌리엄 월레스가 잉글랜드 군에 맞서 싸움	오스만 제국 탄생

농민들의 반란
1381년, 영국

와트 타일러는 농민들을 이끌고 런던으로 행진해 들어가 농민의 힘든 생활을 알렸습니다. 런던 시장은 와트 타일러를 죽였지만, 리처드 2세는 이들의 요구를 들어주겠다고 약속했습니다. 농민들은 기쁜 마음으로 집으로 돌아갔지만, 왕이 보낸 사람들이 농민들을 모두 죽이고 말았습니다.

런던

백년 전쟁
1337년~1453년, 프랑스

영국과 프랑스는 100년 이상 싸웠습니다. 영국의 플랜태저넷 가문의 왕들이 프랑스를 직접 다스려야 한다고 믿었기 때문입니다. 궁수들이 크레시 전투(1346년), 아쟁쿠르 전투(1415년)에서 영국이 승리하는데 큰 역할을 했습니다. 하지만 결국 프랑스가 전쟁에서 승리를 거두었어요.

전염병과 반란
1300년~1400년

14세기에는 끔찍한 흑사병이 세계를 휩쓸었다. 흑사병은 인류 역사상 최악의 질병으로, 중국에서부터 유럽에 이르기까지 2억 명 가량의 사람들이 목숨을 잃었다.

테노치티틀란

호수 도시
1325년, 멕시코

멕시코 사람들은 왕을 전복시키고 난 뒤, 텍스코코 호수 한 가운데에 인공 섬을 만들어 도시를 세웠습니다. 이곳을 테노치티틀란이라 불렀어요. 테노치티틀란은 미국이 생겨나기 전에 아메리카 대륙에서 가장 큰 도시였어요. 또한 막강한 아즈텍 제국의 중심이기도 했어요.

1302년	1325년	1336년	1337년	1342년	1347년
프랑스 삼부회 소집	아즈텍 사람들이 테노치티틀란을 건설	일본, 무로마치 막부 성립	영국과 프랑스의 백년전쟁이 시작됨	러요시 1세가 헝가리 왕위에 오름	유럽에 흑사병이 퍼짐

항해가와 탐험가들
1400년~1500년

1453년, 오스만 제국이 콘스탄티노플을 함락해 유럽 사람들이 향신료와 비단이 풍부한 중국과 인도네시아로 가는 길을 막아 버렸다. 그래서 에스파냐와 포르투갈은 배로 갈 수 있는 다른 길을 개척하려 했다. 이로써 놀라운 발견의 시대가 시작되었다. 크리스토퍼 콜럼버스가 1492년에 아메리카에 이르게 되었다.

체코의 저항
1419년~1434년, 체코

얀 후스는 체코 영웅이자 사제로, 교회가 부패했다며 신성로마 제국의 황제에게 저항했지만 결국 화형을 당했습니다. 이에 격분한 체코 사람들이 길고 긴 '후스 전쟁'을 벌였어요.

콘스탄티노플

정화의 대원정
1405년~1433년 중국

중국인들은 유럽처럼 작은 배 몇 척으로 탐험을 보내지 않았습니다. 1405년, 정화 장군의 지휘 아래, 중국은 수백 척의 함대를 보내서 아프리카까지 이르렀지요. 하지만 중국은 자기 나라에 모든 필요한 게 있다고 결론을 내렸어요. 그래서 1433년을 끝으로 더 이상 항해에 나서지 않았어요.

탐험가들의 경로
- ➡ 콜럼버스
- ➡ 마젤란
- ➡ 정화
- ➡ 바스코 다 가마

1453년	1455년	1467년	1469년	1492년	1497년
까스띠용 전투를 계기로 백년전쟁이 끝남	장미 전쟁이 잉글랜드에서 시작됨	일본 전국시대 시작	퍼르디난드와 이사벨이 에스파냐를 통일함	콜럼버스가 아메리카에 도착함	바스코 다 가마가 인도로 항해함

누가 누구일까?

중세에는 다양한 사람들이 많이 살았어요. 여러분은 바이킹과 잉카족에 대해 들어 봤을 거예요. 그 사람들은 누구였지요? 여러분은 이 책의 2부에서 또 누구를 만났나요?

프랑크족 : 프랑스인 혹은 독일인
300년경~800년

프랑크족은 로마인들이 떠나고 난 뒤 서유럽 대부분을 차지한 게르만족에 속합니다. 프랑크족은 두 집단으로 나뉘었습니다. 서쪽 프랑크족은 프랑스 사람이 되고, 동쪽 프랑크족은 독일인이 되었어요.

300년경

고트족 : 야만의 공포
394년~775년

고트족은 게르만족 중 하나로, 발트 해 근처의 고향에서 서쪽으로 이주해 와 로마 제국을 침략해 들어갔어요. 고트족에는 서고트족과 동고트족이 있습니다.

중세 몽골족 : 세계를 휩쓴 유목 민족
1206년~1368년

중앙아시아에서 유럽까지 위협해 온 몽골족은 13세기에 강력한 칸들의 지도력 덕분에 거대 제국을 세울 수 있었어요. 몽골족은 말을 타고 무리지어 휩쓸고 지나가며 끔찍한 학살을 저질렀어요.

노르만족 : 북쪽에서 온 사람들
900년~1150년

노르만족은 바이킹으로, 프랑스 북부 노르망디 지역에 정착했습니다. 그 뒤, 1066년에 잉글랜드를 정복하고, 시실리 같은 지중해 지역을 차지했어요.

오스만 투르크족
1299년~1923년

오스만 투르크족은 오늘날 터키 지역인 북서 아나톨리아에서 왔습니다. 이슬람 제국이 무너졌을 때, 콘스탄티노플을 함락하고 거대한 오스만 제국을 세웠습니다.

다양한 종족의 집합체 : 무어인
711년~1492년

무어인은 북아프리카, 에스파냐, 포르투갈에 사는 이슬람 교도들이었어요. 이 지역 사람들은 원래 베르베르족, 아랍족이었습니다. 그런데 유럽 사람들이 이 지역 출신 이슬람 교도를 묘사하면서 무어인이라는 다소 모호한 표현을 사용했어요. 그래서 무어인에는 다양한 사람이 포함되어 있어요.

바이킹족 : 바다 늑대
770년~1100년

바이킹은 스칸디나비아에서 온 사람들로, 유럽을 지나 멀리까지 쳐들어가거나 교역을 했습니다. 바이킹에게는 길고 좁은 바이킹선과 뛰어난 해상 기술이 있었어요. 북아메리카까지 항해해 그곳에 정착하기도 했어요.

앵글로-색슨족 : 흥미진진한 앵글족
410년~1066년

앵글로-색슨족은 게르만족에 속하는 사람으로, 5세기에 영국으로 이주해서 오늘날 영국 잉글랜드 지역 대부분을 순식간에 차지했습니다. 그곳에 오래 전부터 살던 켈트족 거주민 혹은 브리튼 사람들을 쫓아냈지만, 바이킹한테 계속해서 공격을 받았어요. 그러다 마침내 1066년에 노르만족에 정복당하고 맙니다.

키예프 루스인 : 러시아인의 조상
882년~1240년

키예프 루스인은 러시아인의 조상으로, 다양한 슬라브족의 집합체입니다. 바이킹 류리크 왕조 지배자들을 중심으로 통일되었습니다. 그리고 키예프를 중심으로 세력을 넓혀갔어요. 1240년, 키예프는 몽골의 침략으로 무너졌습니다.

마자르족 : 헝가리 사람들
800년~현재

마자르족은 원래 러시아 우랄산맥 출신의 유목 민족입니다. 마자르족은 9세기와 10세기에 유럽의 중심으로 침략해 들어와 오늘날 헝가리 지역에 정착해 살았습니다.

아즈텍족 : 멕시코 원주민
1325년~1521년

아즈텍족은 호수 도시 테노치티틀란(오늘날의 멕시코시티)을 중심으로 강력한 제국을 건설했습니다. 아즈텍족은 무자비한 군인으로, 신들을 기쁘게 하려고 적을 대량으로 학살했어요.

잉카족 : 쿠스코 건설
1438년~1533년

잉카족은 수도 쿠스코를 발판으로 거대한 제국을 세웠습니다. 쿠스코는 안데스 산맥의 고지대에 있는데, 바퀴라든가 말은 없었지만 뛰어난 돌길을 만들어 걸어 다닐 수 있었습니다.

1533년

세상에, 이런 일이!

중세 역사에 나오는 기이한 이야기들을 소개합니다.

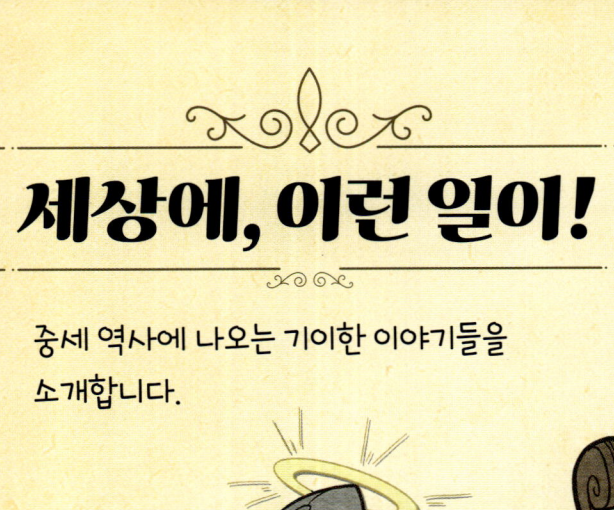

드라큘라 백작

무서운 흡혈귀 <드라큘라 백작>의 이름은 블라드 드라큘라(1428년~1477년)에서 따왔어요. 블라드 드라큘라는 실제로 살았던 루마니아 왕자로, 오스만 제국의 침략자들에 대항해 저항군을 이끌었습니다. 그런데 아주 잔인했다고 해요. '가시 공작' 블라드라는 별명이 있었는데, 죄인이나 전쟁 포로 등을 끝이 뾰족하고 기다란 장대에 꽂아 잔혹하게 죽였기 때문이래요.

성 벤체슬라우스, 훌륭한 왕

보헤미아(체코 공화국)의 왕 벤체슬라우스는 935년에 암살을 당했습니다. 하지만 성인으로 추앙받을 만한 선행으로 전설이 되었어요. 이야기에 따르면, 벤체슬라우스는 적장 라디슬라스한테 일대일로 싸우자고 제안했다고 해요. 군인들이 더 이상 다치지 않도록 말이지요. 그런데 라디슬라스가 나타나자, 천사들이 끼어들었습니다. 라디슬라스는 벤체슬라우스 앞에서 무릎을 꿇고 용서를 구했어요.

파도야 멈춰라

바이킹 크누트 대왕(995년~1035년)은 유일하게 노르웨이, 덴마크, 영국을 다 지배한 왕이었습니다. 크누트 대왕은 모든 면에서 현명한 왕이었어요. 유명한 전설에 따르면, 크누트 대왕은 아첨꾼들에게 자신의 능력에도 한계가 있다는 것을 보여주기 위해, 그리고 신이 정말로 위대하다는 것을 보여주기 위해 파도가 오지 못하도록 명령하는 모습을 보여주었다고 해요.

롤랑의 노래

중세의 유명한 시에 카롤루스 1세가 이끄는 군대의 영웅, 롤랑의 이야기가 나옵니다. 778년, 롤랑의 소규모 부대는 론세스바예스의 산길에서 두어족의 갑작스러운 공격을 받습니다. 롤랑은 겁장이로 보이지 않으려 나팔을 불어 도움을 요청하는 걸 하지 않았어요. 이윽고, 마지막 숨을 거두며 나팔을 불었지만, 너무 늦고 말았지요.

블루투스

10세기 바이킹 왕 하랄드 블라톤은 데인 지역에 사는 스칸디나비아 사람들에게 기독교를 전파했어요. 그리고 먼 길을 가서 덴마크라는 나라를 세웠습니다. 하랄드 블라톤은 사람들을 평화로운 방식으로 단합시키는데 아주 뛰어난 소질이 있었다고 해요. 그래서 오늘날 근거리 무선통신 개발자들은 하랄드 블라톤의 이름을 따서 근거리 무선통신 시스템을 블루투스라고 지었습니다. 블라톤은 블루 투스, 즉 파란 이빨을 뜻하는데, 어쩌면 진짜로 하랄드에게 파란 이빨이 있었는지도 모르지요.

내 말 듣지 마 : 난 미쳤어!

뛰어난 이슬람 과학자 알하젠(이븐 알 하이삼, 965년~1040년)은 이집트에 가서 나일강의 범람을 막으라는 칼리프의 명령을 받았습니다. 알하젠은 계획을 짰지만 이윽고 그 계획이 잘 되지 않으리라는 걸 깨달았습니다. 그래서 제정신이 아닌 척 해서 칼리프의 분노를 모면했어요. 방에서 미친 척 숨어 지내는 동안, 알하젠은 빛에 대해 공부하기 시작해서 빛의 본질에 대한 획기적인 책을 썼답니다.

3부
탐험과 혁명
1500년 ~ 1900년

탐험과 혁명 ········ 64

가톨릭(구교도) 대
프로테스탄트(신교도) ········ 66
에스파냐의 황금시대 ········ 68
뒤흔들리는 세계 ········ 70
전쟁과 마녀 ········ 72
이성의 시대 ········ 74
혁명과 독립 ········ 76
승승장구하는 나폴레옹 ········ 78
변화하는 세계 ········ 80
신생 국가 ········ 82
미국 서부로의 이주 ········ 84

누가 누구일까? ········ 86
세상에, 여런 일이 ········ 88

북아메리카

많은 유럽인들이 북아메리카로 건너와 농사를 짓고 정착했습니다. 유럽 사람들은 그 땅에 주인이 없다고 생각했거든요. 하지만 그곳은 이미 수많은 토착민들이 살던 삶의 터전이었습니다. 1776년, 영국을 떠나온 이주민들이 독립 국가를 세웠는데, 그것이 미국입니다.

남아메리카

유럽인들이 아메리카 대륙에 밀려들자, 토착민들은 살던 곳에서 밀려났습니다. 노예가 되거나 무참히 살해당하기도 했어요. 유럽에서 건너온 질병이 퍼지기도 했습니다. 에스파냐와 포르투갈은 남아메리카와 중앙아메리카를 점령했습니다.

탐험과 혁명

1500년에서 1900년 사이, 유럽에서는 수많은 일들이 일어났다. 나머지 대륙은 조용한 삶을 원했을지도 모른다. 하지만 욕심스러운 유럽인들은 지구 구석구석에 계속 배를 보내 땅을 정복해 식민지로 만들고 교역을 했다.
포르투갈과 에스파냐 사람들이 앞장섰고, 영국, 네덜란드, 프랑스, 독일이 그 뒤를 이었다. 유럽 사람들이 온세상을 뒤흔든 것이다.

지구는 돈다!
1543년, 폴란드

사람들은 한때 태양과 별이 지구 주위를 돈다고 생각했습니다. 그런데 폴란드 천문학자 코페르니쿠스는 지구가 태양 주위를 돈다고 주장했습니다. 그 뒤 1610년에 갈릴레오가 새로운 발명품 망원경으로 그 사실을 증명해 냈지요.

지도 표시
- 아즈텍 제국
- 명나라
- 오스만 제국
- 송가이 제국

술탄 술레이만 1세
재위기간 1520년~1566년, 터키

술레이만 1세는 오스만 제국의 전성기를 이끌었습니다. 터키 사람들은 술탄의 현명한 법률을 칭송하며 '입법자'라고 불렀어요. 반면 유럽인들은 술탄의 호화롭고 사치스러운 생활을 보고 '화려한 황제'라고 불렀습니다.

콘스탄티노플

불로장생!
1521년~1567년, 중국

명나라 11대 황제 가정제(명 세종)는 자신의 뜻에 반대하는 신하들을 고문하거나 죽였습니다. 이 당시 명나라는 서서히 힘을 잃기 시작했습니다. 가정제는 연금술사들을 고용해 자신이 영원히 살 수 있는 방법을 찾으라고 명령했어요. 당연히 영원히 살지는 못했지요.

조선
● 난징

마젤란의 배

가톨릭(구교도) 대 프로테스탄트(신교도)
1500년~1550년

종교개혁이 일어난 뒤 유럽은 구교도와 신교도로 갈라지고, 수많은 나라가 전쟁을 벌이게 되었다. 가톨릭은 로마 교황을 수장으로 떠받들었다. 하지만 북쪽에서, 독일의 성직자 마틴 루터에 영향 받은 프로테스탄트들은 교황이라든가 그럴싸한 라틴어 없이 직접 신에게 기도할 수 있다고 주장했다.

세계를 일주하다
1519년~1522년

유럽에서 출항한 배들이 새항로를 개척하며 인도네시아에서 향신료를 가져왔습니다. 1519년~1522년 사이, 포르투갈 출신 선장 마젤란은 〈빅토리아 호〉를 타고 세계를 일주했습니다. 하지만 마젤란은 필리핀 세부를 토벌하려다가 목숨을 잃고 맙니다.

1521년	1522년	1526년	1532년	1543년	1547년
에르난 코르테스가 아즈텍을 정복함	마젤란의 배 〈빅토리아 호〉가 세계를 일주한 최초의 배로 기록됨	인도 무굴 제국 세워짐	영국의 헨리 8세가 로마 (로마 교황청)와 결별함	코페르니쿠스가 지동설을 주장함	이반 4세 (이반 뇌제)가 러시아 초대 차르에 오름

67

에스파냐의 황금시대

1550년~1600년

이 시기는 에스파냐의 황금시대였다. '갤리온'이라고 부르는 대형 범선들이 아메리카에서 황금을 가득 싣고 돌아왔다. 이로써 에스파냐는 펠리페 2세의 통치 아래 엄청난 부를 쌓고 강력한 국가가 될 수 있었다. 엘 그레코 같은 화가들과 세르반테스 같은 작가들이 에스파냐 예술의 황금시대를 이끌었다.

무적함대의 패배
1588년, 영국 해협

에스파냐의 펠리페 2세는 영국 여왕 엘리자베스 1세가 신교도라는 사실이 마음에 들지 않았습니다. 그래서 대규모 무적함대를 보내 영국을 침략했어요. 영국은 에스파냐보다 배가 한참 모자랐지만 훌륭한 전술과 폭풍우 치는 변덕스러운 날씨를 잘 활용해 대규모 무적함대를 무찌를 수 있었어요.

● 파리

잃어버린 식민지
1585년, 미국

1585년, 영국 사람들은 노스캐롤라이나 로아노크 섬에 영국 사람들이 살 요새를 지어 첫 식민지를 세웠습니다. 하지만 1590년에 영국의 배들이 다시 도착했을 때, 사람은 없고 요새는 버려져 있었습니다.

● 로아노크섬

● 마드리드

● 알제

잉카의 종말
1533년, 페루

코르테스가 아즈텍을 정복하고 나서 12년 뒤, 에스파냐 정복자 프란시스코 피사로가 잉카 제국을 무너뜨렸어요. 피사로는 잉카 황제 아타우알파를 죽이고 잉카인들을 노예로 삼았습니다.

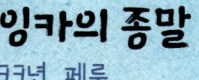

● 쿠스코
잉카 제국

프란시스코 피사로

지도 표시
- 에스파냐 제국
- 러시아 제국
- 명나라
- 오스만 제국
- 무굴 제국

1556년	1562년	1580년	1581년	1587년	1587년
중국 산시성 대지진 발생, 83만 명 사망	조선, 의적 임꺽정이 체포되어 사형당함	펠리페 2세가 포르투칼을 병합함	네덜란드, 에스파냐를 향해 독립 선언	스코틀랜드 여왕 메리가 처형당함	아바스 1세가 페르시아의 샤(군주)에 오름

무시무시한 이반
1547년~1584년, 러시아

모스크바대공국의 이반 4세는 이반 '뇌제'라고도 불렸어요. 뇌제란 '번개 왕'이라는 뜻입니다. 번개처럼 버럭 화를 내, 사람들을 벌벌 떨게 했기 때문에 이런 이름이 붙었어요. 집권 후반기에는 광기와 공포로 폭정을 많이 저질렀는데, 자기 아들을 몽둥이로 때려 죽이기까지 했지요. 하지만 이반 4세는 동쪽 시베리아까지 정복해서 러시아의 영토를 넓혔어요.

최악의 지진
1556년 중국 산시성

중국의 가난한 백성들은 '야오동'이라 부르는 동굴주택에 살았습니다. 그런데 지진이 일어나 야오동이 무너졌고, 83만 명이 목숨을 잃었습니다. 지금껏 최악의 지진 피해로 기록되고 있어요.

코르세어 해적
1530년~1780년 북아프리카

수세기 동안, '코르세어'라는 북아프리카의 해적들이 서쪽 지중해에서 배와 바다 근처 마을을 노략질했습니다. 사람들을 잡아 오스만 제국의 왕자들에게 노예로 팔기도 했지요. 그러면서 저 멀리 북쪽의 아이슬란드까지 습격했어요.

악바르 시대
1556년~1605년, 인도

이슬람을 믿었던 악바르 대제는 무굴 제국을 인도의 초강력 국가로 만들었습니다. 군사적으로 승리를 거두었을 뿐만 아니라, 종교가 다른 사람들과 친구가 되었고, 모두가 자신의 제국 안에서 함께 살아갈 수 있게 했어요.

1588년	1590년	1592년	1593년경	1597년	1598년
영국이 에스파냐 무적함대를 무찌름	일본 도요토미 히데요시가 전국시대를 통일	임진왜란 발생	셰익스피어가 《로미오와 줄리엣》을 씀	이순신 장군이 명량에서 일본군을 크게 이김	프랑스, 신교도를 인정하는 낭트 칙령 발표

영국의 내전
1642년~1651년, 영국

영국에서 내전이 일어났습니다. 의회는 거만한 찰스 1세를 더 이상 참고 볼 수가 없었거든요. 의회의 군대(의회파)가 왕당파를 무찌르고, 찰스 1세는 결국 참수되었습니다. 그 뒤로 의회파였던 올리버 크롬웰이 영국을 잠시 다스렸어요.

런던

플리머스

메이플라워호
1620년, 미국

1620년, <메이플라워호>가 영국의 플리머스에서 북아메리카를 향해 출항했습니다. 이 배에는 청교도 박해를 피해 달아나는 102명의 청교도들이 함께 타고 있었어요. 그들의 새로운 삶은 매우 고달프고 힘들었다고 기록들이 알려주고 있습니다. 그래도 청교도들은 끝까지 살아남았고, 자신들이 정착한 곳을 출발한 항과 같은 이름으로 지었습니다.

뒤흔들리는 세계
1600년~1650년

유럽 상인들은 인도 등 멀리 항해를 다니며 엄청난 부를 챙겼다. 덕분에 네덜란드는 황금시대를 열었다. 하지만 자신의 나라로 돌아온 사람들이 왕의 권력에 대항해 반란을 일으켰다. 영국과 프랑스에서 내전이 벌어지고, 중앙 유럽에서는 30년 전쟁이 일어났다.

1600년	1603년	1608년	1606년	1616년	1618년
영국, 동인도 회사 설립	일본 도쿠가와 이에야스가 에도 시대를 엶	조선 광해군, 대동법 실시	네덜란드 탐험가 빌렘 얀스존이 오스트레일리아에 도착함	후금의 건국, 후에 청나라가 됨	중앙 유럽에서 30년 전쟁 시작

스웨덴의 힘
1611년-1632년, 스웨덴

구스타프 2세 아돌프가 30년 전쟁에서 군사적 천재성을 발휘해 스웨덴을 유럽의 강대국으로 끌어올렸습니다. 하지만 1632년 뤼첸 전투 당시 짙은 안개 속에서 목숨을 잃고 말았어요.

태양왕 루이
1643년-1715년, 프랑스

프랑스의 루이 14세는 뛰어난 인물로, 태양왕으로 알려졌지요. 루이 14세는 눈부실 정도로 매력적이고 아름다운 베르사유 궁전을 만들었답니다.

로마노프 왕가
1613년-1917년, 러시아

커다란 혼란에 빠져 있던 16.3년 러시아에서는 16살 미하일 로마노프를 통치자로 선택했습니다. 그 이후로 로마노프 왕가가 300년 동안 통치자로 떵떵거리며 지배했어요.

● 모스크바

네덜란드의 황금시대
1600년대, 네덜란드

네덜란드는 매우 작은 나라입니다. 하지만 1600년대에 네덜란드의 배들이 세계를 누비며 교역을 했고 부자가 되었어요. 레이던, 델프트 같은 네덜란드 도시는 크리스티안 호이겐스 같은 뛰어난 과학자들과 '진주 귀거리 소녀'를 그린 베르메르와 같은 예술가로 넘쳐났습니다.

레이던
델프트
베르사유
파리
피사
튀니스

에도 시대
1603년-1868년, 일본

일본을 통일한 도요토미 히데요시는 임진왜란을 일으켰으나 패하였지요. 이후 1603년, 도쿠가와 이에야스가 무사 정권인 막부의 최고 자리에 올라 평화로운 시대가 열었어요. 이때를 수도 에도(오늘날의 도쿄)의 이름을 따서 '에도 시대'라 불러요.

조선
● 에도

천재 과학자
1564년-1642년, 이탈리아

갈릴레오는 역사에 남을 뛰어난 실험을 아주 많이 했습니다. 사물이 어떻게 움직이는지 궁금했던 갈릴레오는 지구가 태양 주위를 돈다는 걸 증명하고, 목성에 위성들이 있다는 사실을 발견했어요. 하지만 이런 것들을 '불경하다'고 생각한 교황은 화를 내고, 결국 갈릴레오를 체포했어요.

1628년 영국 국왕이 국민을 함부로 하지 않겠다는 내용을 담은 권리 청원 승인

1632년 인도에서 타지마할을 짓기 시작

1636년 청나라가 조선을 공격하는 병자호란이 일어남

1642년 영국 내 의회파와 왕당파간의 내전 발생 (청교도 혁명)

1644년 중국에서 명나라가 망하고 청나라가 통일함

1648년 30년 전쟁이 종식되고, 베스트팔렌 조약으로 신성로마 제국 내 많은 국가가 독립함

마녀 사냥
1692년, 미국

사람들은 마법을 정말로 두려워했습니다. 미국 세일럼에 살던 소녀들이 몇몇 여인들(그리고 약간의 남자들)을 마녀라며 고소했어요. 20명이 재판을 받고 교수형을 당했습니다.

• 나이아가라
• 세일럼

• 루이지애나, 미시시피

사과가…… 툭!
1687년, 영국

아이작 뉴턴은 사과가 나무에서 떨어지는 걸 보고 만유인력법칙을 발견했습니다. 또한 뉴턴은 3가지 운동법칙을 알아내기도 했어요.

• 런던
• 파리
• 프라하
• 빈

오렌지공 윌리엄3세
1689년, 영국

영국 의회는 가톨릭을 믿던 제임스 2세를 대신해 신교도인 오렌지공 윌리엄을 왕으로 앉혔습니다.(윌리엄 3세라 불립니다.) 윌리엄 3세는 제임스 2세를 아일랜드의 보인 전투에서 물리쳤습니다.

골드러시
1693년, 브라질

1693년, 브라질 남부의 미나스 제라이스에서 황금을 찾았다는 소식이 유럽에 전해졌습니다. 그 소식을 듣고 수많은 사람들이 일확천금의 꿈을 품고 이곳으로 우르르 몰려들었어요. 이렇게 해서 브라질이 본격적으로 발전하기 시작했습니다.

• 미나스 제라이스
• 상파울루

전쟁과 마녀
1650년~1700년

이 시기에 유럽에서는 전쟁이 여러 차례 일어났다. 프랑스는 신성로마 제국과 싸우고, 신성로마 제국은 오스만 제국과 싸웠다. 그런데 북아메리카의 새로운 유럽 식민지에서는 마녀들을 더 두려워했던 것 같다.

1652년	1654년	1661년	1664년	1666년	1673년
남아프리카에서 케이프타운이 건설됨	조선 효종, 청나라를 도와 흑룡강 유역의 러시아를 공격 (나선 정벌)	청나라 강희제 황제 즉위	뉴암스테르담이 뉴욕으로 개명함	5일간의 최악의 화재, 런던 대화재 발생	레벤후크가 현미경을 통해 박테리아 발견

영조
1724년~1776년, 조선

조선의 영조는 현명한 왕으로, 유교 사상에 따라 공명정대함을 추구하며 잘한 일에 충분히 보상을 해 주었어요. 그런데 아들 사도세자가 궁 내에 있는 여인들을 함부로 대하거나 심지어 살해하는 일이 있자 결국 영조는 아들을 뒤주에 가두어 죽게 했습니다. 이후 사도세자의 아들이 왕위에 오르는데, 그가 정조입니다.

악명 높은 해적들
1716년~1726년, 카리브 해

수많은 해적선이 카리브 해에 나타나서, 황금과 같은 금은보화를 싣고 항해하는 에스파냐 배를 마구 공격했습니다. '블랙비어드'와 '앤 보니'가 그중 가장 악명 높은 해적이었어요.

이성의 시대
1700년~1750년

세상에는 수많은 문제가 있었지만, 역사가들은 이 시기를 이성의 시대라고 부른다. 그건 일부 새로운 사상가들이 미신이 아닌 '과학과 논리'가 미래의 길이며, 인간은 누구나 타고난 권리가 있다는 것을 보여 주었기 때문이다.

1721년	1725년	1735년	1740년	1744년	1745년
로버트 월폴이 영국 초대 수상에 오름	조선의 영조대왕이 탕평책을 실시함	에게바르드 전투에서 피르시아가-오스만을 무찌름	오스트리아에서 왕위 계승 전쟁이 시작됨	무함마드 빈 사우드가 사우디 국가를 세움	스코틀랜드에서 2차 자코바이트 반란이 일어남

7년 전쟁
1756년-1763년

프랑스와 영국 간의 대립은 결국 세계적인 전쟁으로 확대되었는데, 이것이 7년 전쟁입니다. 7년 전쟁의 결과, 프랑스는 캐나다를 포함해 추운 북아메리카를 영국에 건네주는 대신 따뜻하고 사탕수수가 풍부한 카리브 섬 두 곳을 차지할 수 있게 되었어요.

미국의 길
1776년, 미국

1776년, 영국의 지배를 받던 북아메리카의 열세 개 식민지가 자신들은 더 이상 영국의 것이 아니라 미국이라고 선언했습니다. 8년간의 전쟁을 겪은 뒤, 미국은 독립국임을 인정받게 되지요. 그리고 4년 뒤인 1787년 미국인들은 자신들을 통치하기 위한 규칙, 미 헌법을 만들었습니다.

아이티의 나폴레옹
1791년-1804년, 아이티

프랑스 혁명 지도자들이 노예를 해방시켜 주겠다는 약속을 깨자, 프랑스령 아이티 섬의 흑인 노예들은 이에 맞서 싸웠습니다. 과거 노예였던 투생 루베르튀르는 뛰어난 지도력으로 승리를 이끌었습니다. 아이티는 1804년에 마침내 독립을 이룰 수 있었어요.

지도 표시
▨ 7년 전쟁 기간의 갈등 지역들

1755년 지진으로 리스본이 파괴됨

1756년 유럽에서 7년 전쟁 시작

1757년 영국이 플라시 전투에 승리함으로써 인도에서의 영향력을 키워감

1762년 예카테리나 2세가 러시아를 통치하기 시작함

1771년 아크라이트가 최초의 수력 방적기를 개발해, 동력을 기반으로 하는 공장을 세움

1773년 러시아에서 푸가체프 농민 반란이 일어남

공장의 건설
1760년~1830년, 영국

영국에서 산업혁명이 일어나 커다란 공장에서 물건을 만들기 시작했어요. 처음에는 수력을, 이후에는 증기를 이용한 기계를 사용했어요. 곧 산업화 도시들이 곳곳에 들어섰습니다.

크롬포드, 수력으로 움직이는 최초의 공장이 세워짐

예카테리나 2세
1762년~1798년, 러시아

남편 표트르 3세가 암살을 당하고 나서, 예카테리나 2세가 러시아를 다스리기 시작했습니다. 예카테리나 2세는 러시아의 가장 위대한 통치자 중 한 명으로 남아 있어요. 이 당시 러시아는 영토가 넓어지면서 문화 예술이 발전하고, 강대국으로 발돋움 했습니다.

상트페테르부르크

인민의 힘
1789년~1794년, 프랑스

1789년, 프랑스 사람들은 혁명을 일으켜 프랑스를 공화국으로 선포했어요. 왕과 영주들이 단두대에서 목이 잘려 나가자 사람들은 환호했습니다. 프랑스 혁명은 세상을 바꾸어 놓았지요. 하지만 그 과정에서 엄청난 혼란과 수많은 피를 토야야 했어요.

영국의 인도 지배
1757년, 인도

로버트 클라이브가 이끈 영국군이 플라시 전투에서 승리를 거두고 난 뒤, 인도는 200년 동안 영국의 지배를 받게 되었습니다.

플라시

혁명과 독립
1750년~1800년

자연권* 사상이 널리 퍼지면서 사람들은 그동안 왕과 영주들한테 얼마나 큰 고통을 받아왔는지 깨달았다. 프랑스인들은 혁명을 일으켜 왕과 영주의 머리를 잘라 버렸다. 미국인들은 영국에 대항해 전쟁을 벌이고 독립을 선언했다.

* 자연권 : 인간이 태어나면서부터 가지고 있는 권리, 자유와 평등과 같은 권리를 말한다.

1776년	1776년	1789년	1789년	1791년	1796년
미국 독립선언	조선 정조, 규장각 설치	프랑스 혁명 시작	워싱턴 장군이 초대 미국 대통령이 됨	아이티 혁명	중국 청나라에서 백련교의 난 발생

77

증기기관차
1825년, 영국

영국 북부, 스톡턴-달링턴 구간에 철도가 개통되어 세계 최초로 증기기관차가 승객을 태우고 달리기 시작했어요.

나폴레옹의 등장과 몰락
1799년~1814년, 프랑스

나폴레옹의 등장은 너무나도 놀라웠습니다. 나폴레옹이 못 할 일은 아무 것도 없는 것처럼 보였으니까요. 하지만 1812년 러시아 원정을 비참하게 실패했어요. 나폴레옹은 왕위를 내려놓고 엘바섬으로 쫓겨났어요.

워털루
1815년, 벨기에

1815년, 나폴레옹이 엘바섬에서 돌아왔습니다. 하지만 딱 100일 동안이었어요. 워털루에서의 처절하게 패한 뒤, 나폴레옹은 저 멀리 세인트헬레나섬으로 추방당했습니다. 그곳에서 51세의 나이로 세상을 떠났지요.

런던 · 라인동맹(독일 국가들의 연합) · 파리 · 빈 · 오스트리아 제국

소용돌이에 빠진 빈
1815년~1848년, 오스트리아

1804년에 나폴레옹에 패한 뒤, 신성로마 제국은 오스트리아 제국으로 규모가 쪼그라들었어요. 하지만 활기찬 오스트리아의 수도 빈에서는, 신흥 중산층이 자신들만의 독특한 예술 스타일을 만들어내기 시작했는데, 이것이 바로 비더마이어 양식입니다.

줄루족 전사, 샤카
1816년~1828년, 남아프리카

샤카는 줄루족 전사였습니다. 샤카는 자기 부하들을 훈련시켜 '아세가이'라 부르는 짧은 창을 들고 대형을 갖춰 싸우게 시켰습니다. 이 방법은 아주 효과가 좋아서 줄루족은 남아프리카에서 가장 강력한 종족이 될 수 있었어요.

1801년	1804년	1803년	1807년	1811년	1815년
영국은 아일랜드와 합쳐 지금의 영국이 됨	나폴레옹 1세 황제로 즉위	미국이 프랑스로부터 루이지애나를 사들임	영국이 노예무역을 금지함	조선에서 홍경래의 난 발생함	빈 의회에서 나폴레옹 전쟁을 끝냄

승승장구하는 나폴레옹

1800년~1825년, 유럽

젊은 나폴레옹 보나파르트는 프랑스 혁명의 혼란 속에서 군대의 우두머리가 되었다. 영리한 장군 나폴레옹은 군대를 이끌고 유럽 전역에서 승승장구했다. 이로써 거대한 프랑스 제국을 이룩하고, 1804년에는 스스로 황제의 자리에 올랐다.

1810년, 나폴레옹의 유럽
- 프랑스 제국
- 종속 국가
- 나폴레옹과 전쟁을 하는 국가
- 나폴레옹의 연합국

조선

주요 전투
- ★ 마렝고 전투, 1800년
- ★ 아우스터리츠 전투, 1805년
- ★ 모스크바 전투, 1812년
- ★ 라이프치히 전투, 1813년
- ★ 워털루 전투, 1815년

브라질의 독립
1822년~1831년, 브라질

1807년, 나폴레옹이 포르투갈을 정복하자 포르투갈 왕의 아들 페드루는 아버지와 식구들과 함께 포르투갈의 식민지, 브라질로 도망쳤습니다. 아버지는 다시 포르투갈로 돌아갔지만, 페드루는 브라질의 독립을 선언하고, 스스로 황제의 자리에 올랐어요.

1816년
아프리카 샤카 왕이 줄루족을 이끎

1820년
인도에서 마라타 제국이 몰락, 인도 대부분이 영국에 속함

1821년
그리스가 오스만으로부터 독립

1821년
멕시코와 페루가 에스파냐로부터 독립

1822년
브라질이 포르투갈에서 독립

1824년
인도네시아는 네덜란드령이 됨

인기 짱, 전신기
1837년, 미국

전신기의 발명으로 아주 먼 거리까지 소식을 곧장 보낼 수 있게 되었어요. 새뮤얼 모스는 '모스 부호'를 만들어 냈어요. 1844년 미국 워싱턴과 볼티모어 사이의 전신 개통이 이루어졌어요.

아일랜드의 비극
1845년~1849년, 아일랜드

가난한 아일랜드 국민들은 감자를 주식으로 먹었어요. 그런데 '마름병'이라는 질병 때문에 감자 농사를 망치자, 백만 명에 가까운 아일랜드 사람들이 굶어 죽었어요. 아일랜드 사람들은 어쩔 수 없이 다른 나라로 떠나야 했습니다.

오클라호마

워싱턴DC

조지아

아일랜드

런던

눈물의 길
1838년, 미국

수많은 아메리카 원주민들은 조상 대대로 살던 땅에서 쫓겨났습니다. 1838년, 체로키 인디언들은 조지아의 고향 땅을 떠나 오클라호마로 가야 했습니다. 그곳으로 가는 길에 4,000명이 목숨을 잃기도 했어요. 그래서 이 길을 '눈물의 길'이라고 불러요.

노예 금지
1833년, 영국 제국

윌리엄 윌버포스의 오랜 노력으로 영국 정부는 마침내 노예 제도를 법으로 금지하기로 했습니다. 1833년부터, 영국과 영국 식민지에 있던 노예들은 모두 자유의 몸이 되었어요.

변화하는 세계
1825년~1850년

산업혁명은 널리 퍼져 나갔다. 이윽고 거대한 새로운 도시들이 생겨났다. 또한 유럽의 많은 사람들이 여전히 프랑스 혁명의 이념에 고무되어 정치적 변화를 요구했다. 하지만 세계는 여전히 가난하고 재산을 빼앗겨 고통 받는 사람들이 많이 있었다.

1825년 경	1830년	1833년	1834년	1837년	1837년
영국인이 태즈메이니아 섬 원주민을 대량학살함 (검은 전쟁)	벨기에 탄생	영국 제국에서 노예제도 폐지	프로이센 주도로 독일 연방 내 관세 동맹 결성	영국에서 빅토리아가 여왕에 오름	모스가 전신기를 발명하고 모스 부호를 만듦

시인의 죽음
1837년, 러시아

러시아의 위대한 시인, 알렉산더 푸시킨은 자신의 생각을 솔직하게 드러내 통치자를 자주 화나게 했어요. 안타깝게도, 푸시킨은 아름다운 부인 나탈리아와 바람을 피운 장교와 결투를 벌이다 목숨을 잃었습니다. 당시 서른일곱 살이었어요.

우리의 목소리를 귀담아 들어라!
1848년, 유럽

유럽의 가난한 사람들은 누구도 자신들의 삶을 대변해 주지 않는 현실이 진저리가 났어요. 이 때문에 1848년, 프랑스와 오스트리아를 포함해 50개 국가 이상에서 혁명이 일어났어요.

아편 전쟁
1839년~1842년, 1856년~1860년, 중국

중국은 영국이 자신들에게 아편을 못 팔게 하려 했어요. 그러자 영국은 두 차례에 걸쳐 전쟁을 일으켰어요. 결국 영국은 중국에게 전쟁에서 이겨 자유롭게 교역을 할 수 있게 되었고, 홍콩을 차지했습니다.

사진의 발명
1826년, 프랑스

프랑스의 조제프 니세포르 니에프스는 세계 최초로 사진을 촬영해냈습니다.(하지만 아주 흐릿했어요!) 니에프스는 카메라라고 부르는 어두운 상자 안에 빛에 민감한 화학물질을 발라서 렌즈에 투과된 이미지를 담아냈습니다.

원주민의 비극
1825년~1832년, 오스트레일리아

태즈메이니아의 원주민들은 점점 더 많이 들어오는 유럽인들한테서 자신들의 사냥터를 지키기 위해 '검은 전쟁'을 벌였습니다. 하지만 거의 모두 살해당하고 말았어요.

1839년	1839년	1845년	1848년	1848년	1850년
중국에서 1차 아편전쟁이 일어남	조선에서 천주교도를 박해한 기해박해가 일어남	아일랜드 감자 대기근 시작	미국 캘리포니아 골드러시	마르크스와 엥겔스가 공산당 선언을 발표함	청나라에 태평천국 운동 발생

신생 국가
1850년~1875년

미국이 노예제 폐지를 둘러싸고 끔찍한 내전으로 갈라진 사이, 영국 제국은 최강의 제국으로 성장했다. 한편, 같은 언어를 사용하는 유럽의 작은 나라들이 힘을 합쳐 독일과 이탈리아라는 신생 국가로 탄생했다.

링컨의 암살
1865년, 미국

에이브러햄 링컨은 미국의 위대한 대통령으로, 노예제 폐지를 지지하며 남북 전쟁에서 북군을 승리로 이끌었습니다. 하지만 전쟁이 끝나고 며칠 지나지 않아, 워싱턴의 극장에서 총에 맞아 숨을 거두고 말았어요.

해안에서 해안으로
1869년, 미국

1869년, 철도건설업자 릴런드 스탠퍼드는 유타의 프로몬토리에 황금 못을 박았습니다. 이로써 미국 대륙을 가로지르는 대륙횡단철도가 완성되었습니다.

- 유타의 프로몬토리
- 게티즈버그 전투
- 애퍼매톡스 전투

남부 대 북부
1861년~1865년, 미국

미국의 남부 주들은 링컨이 1861년에 노예제 폐지를 약속하자 크게 화가 났습니다. 그래서 남부 연합군을 만들어 북부 연방주의자와 전쟁을 벌였습니다. 4년 동안 끔찍한 전쟁을 치른 결과, 북부 연방주의자가 승리를 거두었습니다.

지도 표시
- 미 북부 연방주의
- 미 남부 연합

1853년	1856년	1857년	1859년	1860년	1861년
크림전쟁 시작	영국과 중국 사이에서 제2차 아편전쟁이 일어남	인도 용병들이 영국에 대항하여 일어남 (세포이 항쟁)	다윈이 진화론 발표	최제우가 동학 창시	미국 남북전쟁 시작

최초의 자동차
1885년, 독일

1885년, 독일 기술자 카를 벤츠가 세계 최초로 자동차를 만들었는데, 바로 삼륜차 '벤츠 페이턴트 모터바겐'이에요. 3년 뒤, 부인 바사가 몰래 자동차를 몰아 194킬로미터 떨어진 엄마를 만나러 갔어요. 자동차는 어쨌거나 제대로 도착했지요.

제1회 올림픽
1896년, 그리스

1896년 아테네에서, 고대 그리스 올림픽 경기를 현대식으로 만들어냈습니다. 그 뒤로 4년마다 경기가 열렸어요.

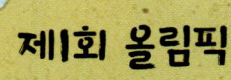

모스크바 · 런던 · 파리 · 베를린 · 아테네

의화단 운동
1899년~1901년, 중국

중국인 집단 의화단은 외국인을 중국 밖으로 쫓아내기로 결심했습니다. 그래서 베이징을 공격해 외교관들을 볼모로 붙잡았습니다. 하지만 8개국이 힘을 합쳐 군대를 결성해 중국 내 의화단을 공격했습니다.

중국

빅뱅!
1883년, 인도네시아

크라카타우 화산섬 폭발은 정말 엄청났어요. 덕분에 15킬로미터 안에 살던 사람들은 청각장애가 생겼다고 해요. 화산 폭발로 화산재가 너무 많이 나와, 이듬해 여름에 세상의 온도가 1도 이상 낮아졌다고 합니다.

도쿄 · 크라카타우

대단한 보어전쟁
1899년~1902년, 남아프리카

남아프리카에서 보어전쟁이 일어났어요. 보어전쟁은 영국과 네덜란드 거주민들(보어인) 사이에 일어난 전쟁을 말해요. 보어인들은 가난한 농부였지만, 기습 공격을 해서 수 년 동안 영국군을 궁지로 몰았습니다.

남아프리카

서로 아프리카를 차지하려 하다
1884년, 아프리카

1870년에는 아프리카의 10분의 1 정도만 유럽의 지배를 받았습니다. 하지만 1884년 베를린에서 열린 회담 이후에, 유럽 국가들은 미친 듯이 아프리카를 차지하기 시작했어요. 결국 1914년에는 아프리카의 10분의 9가 유럽의 지배를 받게 되지요. 아프리카 사람들은 아무런 말도 못했어요.

1876년
미국과 아메리카 원주민과의 리틀빅혼 전투

1876년
조선은 일본과 불공정한 강화도 조약을 체결함

1882년
독일 오스트리아 이탈리아 3국 동맹 성립

1883년
인류 역사상 가장 큰 크라카타우 화산 폭발

1884년
베를린에서 아프리카 식민지 분할 회의가 열림

1887년
프랑스령 인도차이나 연방 성립

미친 말
1842년경~1877년, 미국

크레이지 호스(미친 말이라는 뜻)는 오글라 라코타 부족의 지도자이자 아메리카 원주민들의 영웅이었습니다. 이 사람은 자신들의 땅을 차지하려는 유럽인과 맞서 싸웠어요. 1876년, 리틀빅혼 전투에서 승리를 이끄는데 커다란 공을 세웠습니다.

리틀빅혼 전투

만하임

보안관 대 무법자
1881년, 미국

살인을 저지른 무법자들이 미국 서부로 몰려들었어요. 하지만 애리조나의 툼스톤에서의 유명한 총싸움, 오케이 목장의 결투에서 와이어트 어프가 이끄는 보안관 4명이 30초 만에 악명 높은 무법자들을 총으로 쏘아 죽였습니다.

툼스톤

미국 서부로의 이주

1875년~1900년

유럽 정착민들이 미국 서부로 몰려들었다. 아메리카 원주민들은 조상 대대로 살던 땅에서 쫓겨났다. 그러는 사이, 영국과 독일 같은 유럽의 강대국들은 중공업에 몰두하고, 그 막강한 힘을 바탕으로 세계 곳곳을 지배해 나갔다.

1893년	1894년	1895년	1896년	1899년	1899년
뉴질랜드에서 여성 투표권 허용	동학 농민 운동	청일 전쟁이 일본의 승리로 끝남	최초의 현대 올림픽 1회 대회 개최	중국에서 외세를 배척하는 의화단 운동이 일어남	남아프리카에서 제2차 보어전쟁 발발

누가 누구일까?

이 시기에 각기 다른 수많은 무리의 사람들이 묵묵히 자신의 역할을 했습니다.

가톨릭교도
100년~현재까지

가톨릭은 가장 규모가 크고 오래된 교회로, 로마의 교황이 이끌기에 로마 가톨릭이라고 불러요. 가톨릭교도들은 사제를 통해서만 하느님에게 다가갈 수 있다고 믿어요.

100년

체로키 인디언 : 문명화된 부족
1000년~현재

아메리카 원주민 체로키 인디언은 적어도 1,000년 전부터 미국 남동부에 살았습니다. 유럽인들은 이들이 1800년대 초기 5대 '문명화된' 부족 중 하나라고 말합니다. 체로키 인디언이 수많은 유럽의 사상을 받아들였기 때문이에요.

왕당파 : 화려한 깃털 장식
1642년~1679년

왕당파는 영국 내전이 벌어졌을 때 의회파에 맞서 왕의 편에 섰어요. 이들은 깃털 달린 큰 모자, 부유함, 화려한 의상과 물결처럼 흐르는 듯한 긴 머리 스타일로 유명합니다.

강력한 힌두교도 : 마라타 제국
1674년~1818년

힌두 전사들이 인도 남부, 데칸 고원에서 마라타 제국을 세웠습니다. 무굴 제국의 힘이 약해지자, 마라타 제국이 인도 전역을 지배하게 되었습니다.

의회파: 라운드헤드
1642년~1681년

의회파는 영국 내전 당시 왕에 대항한 의회의 편에 섰던 사람들이었습니다. 의회파의 머리가 아주 짧은 것을 왕당파가 둥근 머리란 뜻으로 '라운드헤드'라고 놀렸어요. 의회파 사람들은 칙칙한 갈색 또는 노란색 옷을 즐겨 입었어요.

자코바이트 : 스코틀랜드의 반혁명 세력
1688년~1746년

자코바이트는 가톨릭 왕, 영국의 제임스 2세가 1688년 명예혁명으로 물러난 뒤, 제임스를 다시 영국 왕으로 세우려고 한 스코틀랜드 사람을 가리킵니다.

보어인 : 네덜란드 농부들의 대이동
1750년~현재까지

남아프리카에 정착한 네덜란드 농부들을 보어인이라 부릅니다. 보어인은 1835년~1840년에 걸쳐 영국이 지배하던 케이프타운에서 벗어나 새로운 땅을 찾아 '대이동'에 나섰습니다.

오스만 투르크족
1299년~1923년

오스만 투르크족은 오늘날 터키 지역인 북-서 아나톨리아에서 왔습니다. 이슬람 제국이 무너졌을 때, 콘스탄티노플을 함락하고 거대한 오스만 제국을 세웠습니다.

잉카족 : 쿠스코 건설
1438년~1533년

잉카족은 수도 쿠스코를 발판으로 거대한 제국을 세웠습니다. 쿠스코는 안데스 산맥의 고지대에 있는데, 바퀴라든가 말은 없었지만 뛰어난 돌길을 만들어 걸어 다닐 수 있었습니다.

아즈텍족 : 멕시코 원주민
1325년~1521년

아즈텍족은 호수 도시 테노치티틀란(오늘날의 멕시코시티)을 중심으로 강력한 제국을 건설했습니다. 아즈텍족은 무자비한 군인으로, 신들을 기쁘게 하려고 적을 대량으로 학살했어요.

무굴족 : 강력한 무슬림
1526년~1857년

무굴족은 거대 제국을 이루어 3세기 동안 인도의 대부분 지역을 다스렸습니다. 무굴 황제들은 자신들이 몽골의 지도자, 칭기즈 칸의 후예라고 주장했습니다.

청교도 : 화려한 옷은 안 돼!
1558년~1700년

청교도인들은 아주 진지한 영국 신교도였습니다. 많은 청교도인들이 미국으로 이주했지요. 청교도인은 단순하게 살고 싶었어요. 그래서 가톨릭 교회의 호화로운 장식을 모두 없애려고 했습니다. 삶의 즐거움도요.

자코뱅 당원 : 프랑스 혁명
1789년~1794년

자코뱅은 프랑스 혁명을 뒤에서 이끈 정치 클럽이었습니다. 1793년부터 1794년까지 자코뱅이 정부를 장악한 시기는 '공포 정치'로 유명해요. 자코뱅 중 가장 유명한 사람은 로베스 피에르입니다.

남부 연합 : 남부를 분리하자
1861년~1865년

남부 연합 지지자들은 링컨 대통령이 노예 제도를 폐지하겠다고 약속했을 때 미국 연방에서 탈퇴했고, 남북 전쟁이 일어나게 되었습니다.

북부 연방주의자
1861년~1865년

북부 연방주의자들은 미국 남북 전쟁에서 남부 연합에 대항해 링컨 대통령을 지지했습니다.

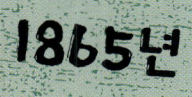

세상에, 이런 일이!

역사에 나오는 기이한 이야기 몇 가지를 소개합니다.

악명 높은 해적

블랙비어드(1680년~1718년)는 모두가 두려워하는 카리브해의 해적으로, 본명은 '에드워드 티치'였어요. 블랙비어드라는 이름으로 불린 이유는 뜨개질하듯 총총 땋은 '검은 수염' 때문이에요. 수염은 마치 배배 꼬인 뱀처럼 보였다고 해요. 싸움을 할 때는 이따금 땋은 수염에 불 붙인 도화선을 묶어서 무시무시하게 보이게 했어요. 1718년, 블랙비어드는 붙잡히지 않으려 자신의 배 <앤 여왕의 복수 호>를 몰고 가 노스캐롤라이나의 뷰포트 인근의 모래톱에 빠져버렸어요. 1996년에 잠수부들이 망가진 배를 찾아냈어요.

용감한 드레이크

용감한 영국 선장 프랜시스 드레이크(1540년~1596년)는 마젤란에 이어 세계 일주에 성공했어요. 드레이크는 항상 규칙을 따르지는 않았어요. 때로 에스파냐 배들을 불법으로 공격해, 해적질로 얻은 재산을 엘리자베스 1세 여왕에게 바쳤어요. 전설에 따르면 에스파냐 무적함대가 영국을 공격하고 있다는 소식을 듣자, 플리머스 언덕에서 하던 공놀이를 곧장 끝내고 나갔어요. 드레이크의 교묘한 지휘 능력이 에스파냐 함대를 물리치는데 큰 역할을 했어요.

거친 황무지의 왕

데이비 크로켓(1786년~1836년)은 영웅이 된 미국 변방의 개척자입니다. 너구리 가죽 모자를 즐겨 썼다고 해요. 사냥을 아주 잘 했는데, 특히 곰 사냥에 뛰어났다고 해요. 업적에 대한 수많은 이야기가 전해 오는데, 그 중에 잭슨 대통령의 목숨을 구해 준 이야기가 유명합니다. 크로켓은 미국 연방 하원의원이 되었지만, 아메리카 원주민들을 조상 대대로 살던 땅에서 쫓아내려는 잭슨의 정책에 반대해 그만두었어요. 나중에는 텍사스 분리주의에 가담했는데, 알라모 전투에서 사망했습니다.

거인 표트르 1세

표트르 1세(1672년~1725년)는 러시아의 위대한 차르(황제)였어요. 표트르 1세는 최신 과학과 기술을 정말 열심히 배우려 했습니다. 1698년에는 변장을 하고 유럽을 여행하기로 결심했습니다. 네덜란드에 들른 뒤, 이윽고 런던에서 보조 선원으로 일하며 배 만드는 일을 돕기도 했습니다. 하지만 몰라보는 사람이 별로 없었어요. 2미터가 훌쩍 넘는 키에, 러시아 억양이 무척 강했거든요.

4부
급변했던 최근 백년
1900년 ~ 2000년

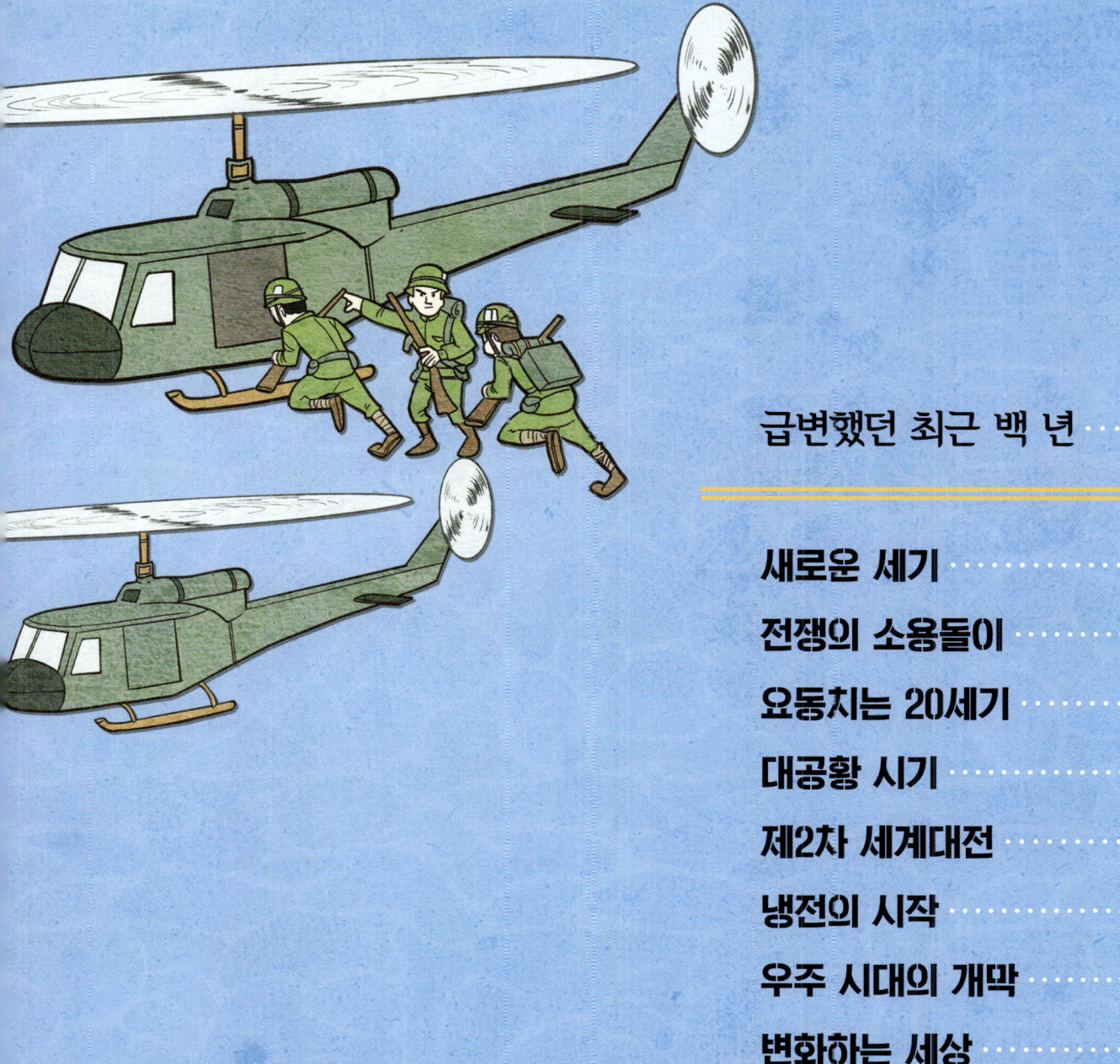

급변했던 최근 백 년 · · · · · · 92

새로운 세기 · · · · · · · · · · · · · 94
전쟁의 소용돌이 · · · · · · · · · 96
요동치는 20세기 · · · · · · · · · 98
대공황 시기 · · · · · · · · · · · · 100
제2차 세계대전 · · · · · · · · · 102
냉전의 시작 · · · · · · · · · · · · 104
우주 시대의 개막 · · · · · · · · 106
변화하는 세상 · · · · · · · · · · 108
철의 장벽 붕괴 · · · · · · · · · 110
20세기의 마지막 · · · · · · · · 112

누가 누구일까? · · · · · · · · · · · 114
세상에 이런 일이 · · · · · · · · · 116

북아메리카

미국이 세계 중심이 되었습니다. 미국은 세계 최고 부자이면서 강한 나라가 되었어요. 고급 자동차와 영화, 대형 냉장고를 비롯한 가전제품 등 미국의 새로운 생활 양식은 전 세계 사람들의 부러움을 샀습니다.

남아메리카

중앙아메리카 및 남아메리카에서는 수많은 국가들이 잔인한 독재자와 폭력적인 혁명을 견뎌내야 했습니다. 또한 지독한 가난과 싸워야 했습니다.

급변했던 최근 백 년

20세기는 지금 우리에게 가장 가까운 세기였다. 세계 곳곳에 도시가 크게 성장하고 텔레비전, 컴퓨터, 자동차, 항공기 등 놀라운 신기술이 등장했다. 하지만 두 차례에 걸친 세계대전과 끔찍한 굶주림으로 수백만, 수천만 명이 목숨을 잃기도 했다.

유럽

20세기 전반, 유럽은 두 차례의 세계대전으로 황폐해졌습니다. 하지만 제2차 세계대전 이후 곧 일어나 크게 성공했어요. 사회복지제도의 도입 덕분에, 한때 심각한 사회 갈등의 요인이 되었던 가난이 크게 줄어들었어요. 한동안 유럽은 서쪽과 동쪽으로 갈라졌어요. 하지만 이윽고 이런 분열도 결국 치유되었습니다.

아시아

20세기 말에 이르러 중국과 인도는 지구촌에 사는 인구 절반이 사는 곳이 되었습니다. 전쟁이 끝나고 많은 나라가 독립했습니다. 영국은 인도를 떠나고, 프랑스는 인도차이나 반도를 떠났습니다. 그리고 대한민국과 일본 같은 나라들이 새로운 기술의 중심지로 서서히 떠올랐어요.

중동지역

과거의 제국들이 무너지며 중동지역은 혼돈 속에 빠져들었습니다. 지금도 이런 갈등을 잠재울 수 있는 방법이 없는 것처럼 보여요. 하지만 석유의 발견으로 사우디아라비아, 쿠웨이트, 아랍에미리트 같은 나라들은 엄청난 부자가 되었습니다. 사막 한가운데에 호화로운 쇼핑몰까지 등장했어요.

아프리카

20세기가 시작할 즈음, 유럽인들은 아프리카의 대부분을 자기들 땅이라고 주장했습니다. 하지만 아프리카의 모든 국가들은 차례차례 독립을 쟁취했습니다. 그런데 새롭게 분열이 생겨 끔찍한 갈등이 일어나고, 전통적인 생활 방식이 무너지며 수많은 아프리카 사람들이 질병과 가뭄과 기아로 고통받게 되었어요.

오세아니아

오스트레일리아와 뉴질랜드는 영국으로부터 독립한 국가가 되었지만, 영국 연방의 일원으로 남았습니다. 오스트레일리아와 뉴질랜드의 대규모 연합군이 두 차례의 세계대전에서 영국과 함께 참전했습니다.

보이스카우트 창설
1907년, 영국

영국 장교 베이든 파월은 남아프리카에서 보어인들과 싸우고 돌아온 뒤, 보이스카우트를 창설했습니다. 보이스카우트는 소년들(나중에는 소녀들도 포함)이 강인하고 독립적으로 생활하는 방법을 익히는 단체입니다.

시베리아 횡단 철도
1904년, 러시아

1904년, 시베리아 횡단 철도가 전 구간 개통되었습니다. 이것은 세계에서 가장 긴 철도 노선으로, 모스크바에서 블라디보스토크까지 지구의 1/4바퀴 정도 되는 시베리아를 통과해 달립니다.

빌헬름 2세
1888년~1918년, 독일

독일 황제 빌헬름 2세는 독일을 유럽 최고의 국가로 만들기로 마음먹었습니다. 해군을 창설해 영국 해군에 맞섰습니다. 결국 독일을 전쟁으로 몰아넣었어요.

마지막 황제
1908년~1912년, 중국

푸이는 세 살이라는 어린 나이에 중국 청나라 황제의 자리에 올랐지만 1912년, 신해혁명이 일어나 황제의 자리에서 쫓겨났습니다. 1917년, 고작 몇 달 동안 다시 그 자리에 오르긴 했지만, 이내 다시 쫓겨났어요.

1901년	1901년	1903년	1904년	1904년	1905년
오스트레일리아 연방 수립	마르코니가 대서양 횡단 무선송신에 성공	라이트 형제가 최초로 동력 제어 비행에 성공	러일전쟁 발발	시베리아 횡단 철도 전 구간 개통	피의 일요일 사건이 발단이 되어 제1차 러시아 혁명이 발생함

테디베어의 탄생
1902년, 미국

미국 대통령 테디(테어도어의 애칭) 루즈벨트가 곰 사냥에 나섰을 때, 사냥터 관리인들이 곰 한 마리를 묶어 두어 대통령이 쉽게 사냥할 수 있게 해 주었어요. 루즈벨트 대통령은 이것이 불공평하다고 생각하고 총을 쏘지 않았어요. 이 사건이 널리 알려지자, 장난감 제조사들이 새끼 곰을 모델로 봉제 인형을 만들었는데, 이것이 바로 최초의 '테디베어'랍니다.

하늘 높이!
1903년, 미국

1903년 12월 17일, 라이트 형제, 오빌과 윌버가 미국 노스캐롤라이나 키티호크에서 새로운 역사를 썼어요. 윌버가 자신들이 만든 '플라이어'에 타고 이륙에 성공했어요. '플라이어'는 사람이 조정할 수 있는 최초의 동력 비행기였어요.

● 키티 호크

새로운 세기

1900년~1910년

20세기는 최초의 비행기, 최초의 대량 생산 자동차, 최초의 라디오 방송과 함께 시작되었다. 하지만 독일과 영국이 세계 최고의 자리를 놓고 겨루면서 엄청난 긴장이 일었다. 오래된 오스만 제국과 러시아 제국은 혁명으로 흔들렸다.

1905년	1905년	1906년	1908년	1908년	1910년
아인슈타인이 특수 상대성 이론을 발표함	대한제국의 외교권을 일본이 강탈하는 을사늑약 체결됨	미국 샌프란시스코 대지진 발생	포드의 자동차 대량 생산 (모델 T)	오스만 제국에서 청년 튀르크당의 혁명이 일어남	일본에게 대한제국의 국권을 빼앗김

여성 투표권
1918년, 영국

1918년까지만 해도 영국의 여성들은 투표할 수가 없었어요. 그래서 '여성 참정권자'는 자신의 몸을 사슬로 난간에 묶는 등 다양한 방법을 통해 끈질기게 저항에 나섰습니다. 1918년, 마침내 이 싸움에서 승리를 거두어 정치에 참여할 수 있는 권리, 참정권을 얻어냈지요.

서부 전선의 참호전
1914년~1918년

독일의 진격이 프랑스 북동지역에서 멈췄습니다. 남은 전쟁 기간 동안, 독일군은 땅속 깊이 판 참호를 사이에 두고 프랑스군과 영국군을 겨누었습니다. 참호란 몸을 숨기면서 적과 싸우기 위해 방어선을 따라 판 구덩이를 말해요. 서로 공격을 주고받으며 수백만 명의 군인들이 총격과 질병으로 목숨을 잃었어요.

★ 이프르 전투
★ 솜 전투
★ 베르됭 전투
● 파리
★ 마른 전투
서부 전선

참호 밖으로
1916년, 프랑스

군인들은 참호 밖으로 나가 적군의 참호를 공격하라는 명령을 받았습니다. 1916년, 끔찍한 솜 전투가 벌어졌는데, 몇 달간 이어진 치열한 전투로 백만 명 이상의 군인들이 전사하거나 부상을 입었습니다.

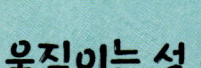

마침내 찾아온 평화
1918년, 프랑스

독일 잠수함이 미국인이 탄 배를 공격하자 미국은 크게 분노했습니다. 미국은 1917년에 독일과의 전쟁을 선언합니다. 이듬 해, 독일은 전쟁에서 지고 1918년 11월 11일 오전 11시에 정전 협정이 선포되었어요.

움직이는 성
1916년

탱크가 공격용 무기로 개발되었습니다. 금속으로 몸통을 중무장하고, 바퀴에도 금속 궤도를 달았어요. 이 탱크는 질척질척한 전쟁터를 종횡무진 누볐습니다.

1912년
중국에서 청나라가 무너지고 중화민국이 세워짐

1912년
타이타닉 호 침몰

1914년
오스트리아 황태자가 사라예보에서 암살당함

1914년
제1차 세계대전이 일어남

1916년
아일랜드에서 영국에 맞서 부활절 봉기가 일어남

1916년
양쪽 모두 큰 피해가 있었던 솜 전투 (독일군과 영국·프랑스 연합군의 참호전)

러시아 혁명
1917년, 러시아

러시아 사람들은 러시아 황제(차르) 때문에 몹시 힘들었어요. 어쩔 수 없이 전쟁을 일으킬 수밖에 없었어요! 볼셰비키라는 혁명적인 공산주의 무리가 상트페테르부르크에서 정부를 차지하고, 차르를 내쫓았습니다. 차르와 그 가족들은 나중에 처형당했어요.

전쟁의 소용돌이
1910년~1919년

1900년대 초반, 유럽은 폭발하기 일보 직전이었다. 1914년, 국가들이 서로 대립하는 상황에서 독일군이 벨기에를 침략한 뒤 프랑스로 쳐들어갔다. 이것을 계기로 인류 역사상 가장 끔찍한 전쟁 중 하나인 제1차 세계대전이 일어났다.

한발의 총성
1914년, 보스니아

1914년 6월, 오스트리아-헝가리의 황태자 프란츠 페르디난트가 사라예보에서 암살당했습니다. 이 사건을 계기로 제1차 세계대전이 시작되었어요.

지도 표시
- 연합국
- 동맹국
- 중립국

상륙작전 실패
1915년~1916년, 터키

전쟁은 수많은 지역을 엉망으로 만들었어요. 오스트레일리아를 포함한 영국과 프랑스의 연합국들은 독일의 동맹국인 오스만 제국을 갈리폴리에서 쳐들어가려 했습니다. 하지만 이 공격은 실패로 끝나고, 수많은 군인들이 목숨을 잃었어요.

1917년
사회주의 국가를 수립하는 러시아 혁명이 발생함

1917년
미국이 제1차 세계대전에 참전

1918년
제1차 세계대전이 끝남

1919년
독일과 연합국이 베르사유 평화 조약을 맺음

1919년
3.1운동이 일어나고, 대한민국 임시 정부가 수립됨

1919년
인도, 간디가 영국에 저항하는 운동을 함

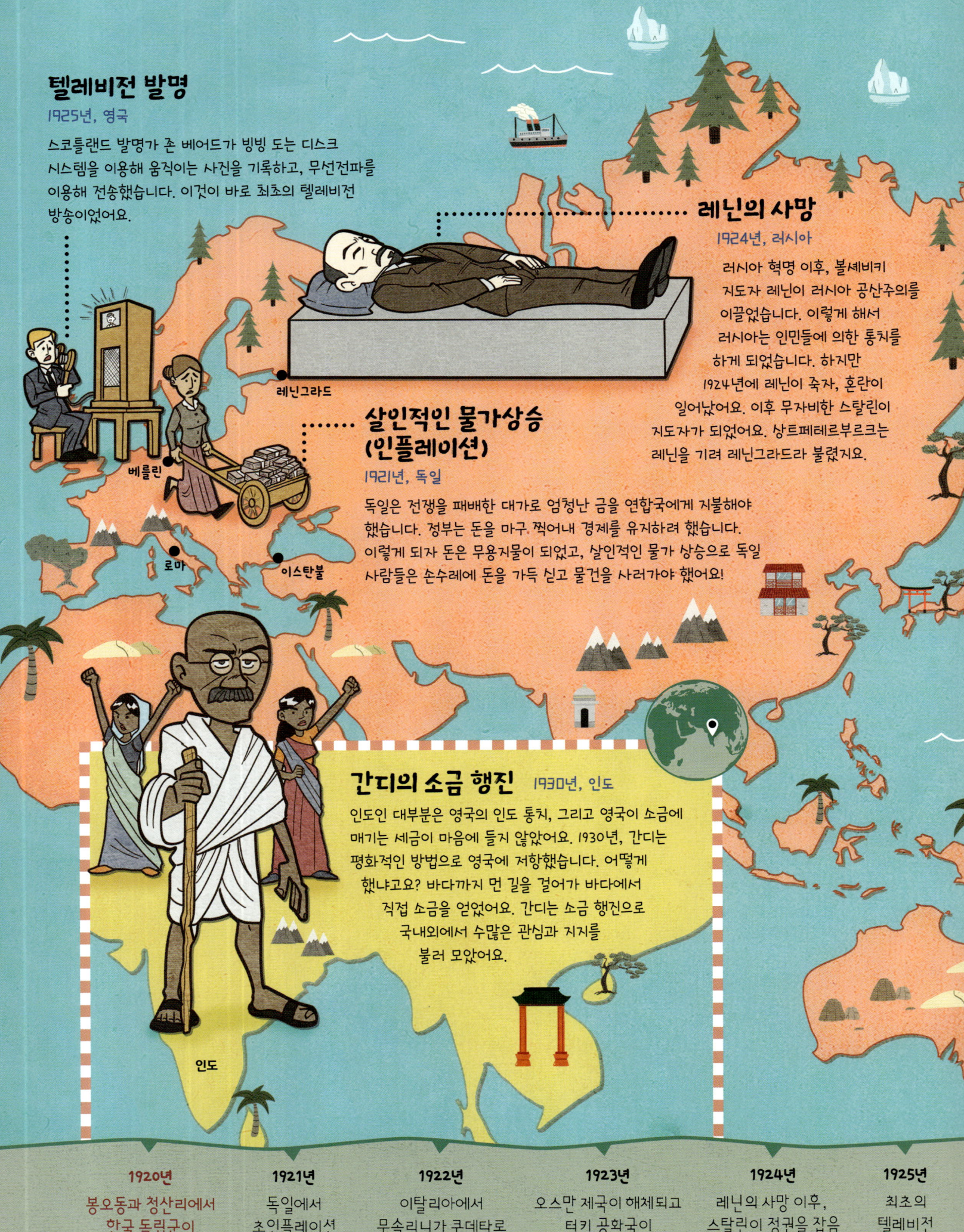

월스트리트 대폭락
1929년, 미국

평범한 미국인 수백만 명이 돈을 빌려 뉴욕 월스트리트 주식 시장에 투자했습니다. 하지만 1929년, 주가가 폭락하자 사람들은 돈을 모두 잃었어요. 이 때문에 세계 대공황이라는 경제적 재앙이 시작되었습니다.

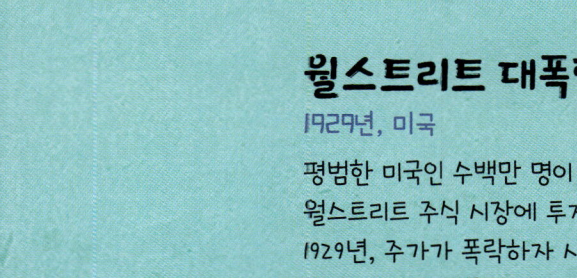

실업자를 위한 급식소

• 시카고
• 뉴욕

최초의 유성 영화
1927년, 미국

처음 영화에는 소리가 없었어요. 대신 음악가들이 영화관에서 직접 연주를 했지요. 1927년, 최초로 소리가 있는 유성 영화를 만들었어요. 바로 <재즈 싱어>였어요.

요동치는 20세기
1920년~1930년

제1차 세계대전의 공포가 끝난 뒤, 특히 미국 대도시에서의 생활은 흥청망청했다. 부자들은 화려한 파티를 열었다. 산업이 호황을 누리고, 사람들은 자동차, 텔레비전, 유성 영화, 냉장고 등 현대식 문물에 열광했다. 하지만 세상은 또다시 큰 문제에 부딪혔다.

1926년	1926년	1927년	1927년	1928년	1929년
영국에서 노동자 총파업	6.10 만세 운동	오스트레일리아가 멜버른에서 캔버라로 수도를 옮김	최초의 유성영화, <재즈 싱어>를 만듦	페니실린 발견, 풍선껌 발명	미국의 월스트리트가 무너지면서 대공황이 시작됨

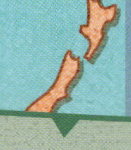

대공황 시기
1930년~1938년

세계 대공황이 세계에 널리 퍼지자 사람들은 점점 가난해지고 고통스러워했다. 미국에서는 프랭클린 D. 루즈벨트 대통령이 '뉴딜 정책'을 통해 정부가 소비를 부추겨 어려운 상황을 이겨냈다. 하지만 독일에서는 나치스가 정권을 잡았다.

러시아 망치
1924년~1953년, 소비에트연방

스탈린이 소비에트연방을 다스렸습니다. 정부에 저항하는 사람은 잡아서 총살을 시키거나 정치범 수용소로 보내 버렸어요. 스탈린은 농업 '근대화'를 추진했지만, 1932년~1933년 사이에 백만 명이 굶주림으로 목숨을 잃었습니다.

대장정
1934년~1935년 중국

중국에서 내전이 일어났습니다. 마오쩌둥이 이끄는 중국 공산당은 장제스의 국민당 공격을 피해 험준한 산악지대를 통과하는 대장정에 나섰어요.

아프리카 사자
1916년~1974년, 에티오피아

하일레 셀라시에는 아비시니아(오늘날의 에티오피아)의 황제였습니다. 그런데 무솔리니가 이끄는 이탈리아의 공격을 받고 영국으로 망명했습니다. 이후 영국과 프랑스의 도움으로 다시 권력을 찾았어요. 하일레 셀라시에를 새로운 흑인의 구세주로 믿은 사람들도 있어요.

세계 대공황
1929년~1939년, 전 세계

미국의 주식시장 월스트리트가 무너진 뒤 10년 동안, 세계는 최악의 경제 불황에 빠져들었습니다. 수천만 명이 직장과 집을 잃고, 굶주림을 겪었어요.

1935년
무솔리니의 이탈리아가 아비시니아(오늘날의 에티오피아)를 침공

1936년
에스파냐 내전이 일어남

1936년
손기정 선수가 베를린 올림픽에서 마라톤 우승

1937년
일본의 중국 침략

1938년
독일이 체코슬로바키아를 점령

1938년
한국 내에서 한글 교육이 금지됨

영국 전투
1940년, 영국

독일은 재빨리 프랑스를 점령했습니다. 그러고는 밤에 영국을 마구 공격했어요. 하지만 소형 영국 전투기들이 독일의 공격을 막아냈습니다.

레닌그라드 봉쇄, 1941년 ~1944년

벌지 전투, 1944년

노르망디 상륙작전 1944년

안지오 전투, 1944년

몬테 카시노 전투, 1944년

홀로코스트
1939년~1945년, 독일

제2차 세계대전이 끝난 뒤, 연합군 군대가 폴란드의 아우슈비츠 같은 죽음의 수용소를 조사했습니다. 이러한 수용소에서 나치스는 수백만 명을 죽였습니다. 대부분이 유대인이었는데, 굶어 죽거나 독가스에 질식되어 죽었어요.

스탈린그라드 전투, 1942년~1943년

디 데이
1944년, 프랑스

1944년 6월 6일, 서유럽에서 연합국이 독일에 반격을 가했습니다. 연합국은 노르망디 해안에 엄청난 규모의 군대를 상륙시켰는데, 이때의 작전명이 디 데이(D-Day)였어요.

사막의 여우
1941년~1943년, 북아프리카

북아프리카의 유럽 식민지들 또한 전쟁의 소용돌이에 휩쓸리게 되었습니다. 사막지대에서 탱크 전투가 어마어마하게 벌어졌는데, 독일에는 뛰어난 탱크 사령관 에르빈 롬멜 장군이 있었습니다. 롬멜 장군은 이때 '사막의 여우'라는 별명을 얻었어요.

싱가포르 전투, 1942년

1939년	1939년	1940년	1940년	1941년	1942년
프랑코가 에스파냐 독재자가 됨	나치스의 폴란드 침공	나치스, 프랑스와 네덜란드 침공	한국 광복군 창설	일본의 진주만 공습, 태평양 전쟁 발발	독일의 대규모 유대인학살 계획 시행

제2차 세계대전

1939년~1945년

1939년, 나치스 독일이 폴란드를 침공하자 영국과 프랑스는 독일에 전쟁을 선포했다. 이후 6년 동안 전 세계가 끔찍한 전쟁에 휩싸이게 되었다. 이 전쟁으로 8,500만 명 이상이 목숨을 잃었다. 제2차 세계대전은 '추축국' 대 '연합국'의 싸움이었는데, 추축국이란 연합국에 대항해 싸운 나라들이 모여서 만든 국제동맹으로, 여기에는 독일, 이탈리아, 일본 세 나라가 중심이 되었다.

러시아 전선
1942년~1943년, 소련

소련은 전쟁에서 끔찍한 상처를 입었습니다. 1100만 명 이상의 군인이 목숨을 잃었지요. 소련은 스탈린그라드(오늘날의 볼고그라드) 전투에서 승리를 거두었습니다. 하지만 2백만 명이 목숨을 잃거나 부상을 당했어요.

진주만 기습
1941년 하와이, 태평양

처음, 미국은 전쟁에서 한 발 물러나 있었어요. 그런데 1941년, 일본 폭격기가 진주만의 미국 해군기지를 기습 공격해 2,500명이 목숨을 잃고 항공모함 5척이 바다에 가라앉았어요. 그러자 미국이 즉시 전쟁에 참가했어요.

미드웨이 해전, 1942년

진주만 기습, 하와이, 오아후, 1941년

이오지마 전투, 1945년

원자폭탄 투하
1945년, 일본

미국은 전쟁을 빨리 끝내기 위해 일본의 두 도시, 히로시마와 나가사키에 원자폭탄을 터뜨렸습니다. 끔찍한 결과가 뒤따랐습니다. 21만 여명이 목숨을 잃었거든요. 그 뒤로 지금까지 핵무기는 사용하지 않고 있어요.

바탄 전투, 1942년

1942년 무렵
- 추축국 및 점령 지역
- 연합국 및 점령 지역

1942년 미국이 미드웨이 해전에서 일본에 승리를 거둠

1944년 연합군의 노르망디 상륙

1945년 얄타회담에서 종전을 얘기함

1945년 연합국이 유럽의 전쟁에서 승리를 거둠 (전승기념일: 1945년 5월 8일)

1945년 히로시마와 나가사키에 원자폭탄 투하

1945년 한국이 일본으로부터 해방됨

철의 장막
1945년~1991년, 유럽

유럽에서는 서로 오가지 못하는 국경선을 세웠습니다. 그 국경선을 '철의 장막'이라고 불렀어요. 철의 장막 동쪽의 공산주의 국가들은 소비에트연방의 통제를 받았는데, 사람들은 정부의 허락 없이는 마음대로 돌아다닐 수도 없었어요.

자본주의 대 공산주의
1945년 이후

자본주의는 자유롭게 물건을 사고팔 수 있어요. 반대로 공산주의는 공산당이 모든 걸 가지고서 사람들에게 공정하게 분배하는 일을 중요하게 생각해요. 비극적이게도, 소련의 스탈린 지배 아래 공산주의를 시험하는 중에 수백만 명이 목숨을 잃고 말았어요.

에베레스트 등정 성공!
1953년, 네팔

뉴질랜드 출신의 등산가 에드먼드 힐러리와 네팔의 가이드, 셰르파 텐징 노르게이가 세계 최고봉, 에베레스트 산에 최초로 올랐습니다.

인도와 파키스탄의 분리 독립
1947년, 인도와 파키스탄

영국이 떠나고 난 뒤, 인도는 힌두교를 믿는 인도와 이슬람교를 믿는 파키스탄으로 갈라졌어요. 그 과정에서 상당수 이슬람교인들이 인도 안에, 많은 힌두교도들도 파키스탄에 갇히고 말았어요. 이로써 끔찍한 분쟁이 벌어졌습니다. 동파키스탄은 1971년 방글라데시로 독립했습니다.

모두를 위한 보건
1948년, 영국

유럽 국가들은 끔찍한 전쟁을 일으킨 사회 문제를 없애기 위해 '복지' 시스템을 만들어 사람들을 돌보기 시작했어요. 영국에서는 국민보건서비스를 1948년에 도입해 국민 모두에게 의료서비스를 공짜로 제공했어요.

1945년
한반도가 남한과 북한으로 분단됨

1945년
유엔 창설

1947년
인도와 파키스탄 분리 독립

1948년
인도 간디 암살

1948년
대한민국 정부 수립

1949년
독일이 서독과 동독으로 분단됨

중화인민공화국의 수립
1949년, 중국

마오쩌둥이 이끄는 중국 공산당은 중국 본토에서 국민당을 타이완 섬으로 밀어낸 뒤 본격적인 '중화인민공화국'의 시대를 열었습니다. 마오쩌둥은 지주들을 처형하고, 가난한 사람들에게 토지를 나누어 주었어요.

유럽을 위한 지원
1947년~1951년, 미국

미국 국무장관 조지 마셜은 전쟁으로 망가진 유럽을 재건하고 공산주의가 서유럽으로 퍼지지 못하도록 대규모 원조 계획을 세웠습니다. 이것을 '마셜 플랜'이라고 합니다.

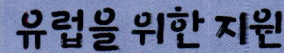
뉴욕

냉전의 시작
1945년~1956년

연합국은 제2차 세계대전에서 승리했지만, 이내 서로 갈라서게 되었다. 미국은 자본주의를 따르고, 소비에트연방(소련)은 공산주의를 따랐다. 유럽과 세계는 그 중간에서 갈라졌다. 이렇게 해서 미국과 소련 사이에서 '냉전'(말과 위협을 통한 전쟁)이 점점 심해졌다.

아르헨티나여, 울지 말아요!
1952년, 아르헨티나

에바 두아르테는 가난한 시골 소녀로, 배우로 성공한 뒤 육군 대령 후안 페론과 결혼했습니다. 페론이 아르헨티나의 대통령에 선출되었을 때, 에바는 노동자들의 대변자가 되었어요. 에바는 에비타라는 애칭으로 불리며 엄청난 인기를 누렸지만, 33살의 나이에 일찍 죽고 말았어요.

아르헨티나
부에노스아이레스

지도 표시
- 공산주의 국가
- 미국과 동맹국

1949년
마오쩌둥이 중화인민공화국 출범을 공식 선언함

1950년
한국전쟁 발발

1951년
유럽 6개국이 석탄과 철강의 공동관리를 합의함 (유럽연합의 시작)

1952년
아르헨티나, 에바 페론 사망

1953년
스탈린 사망

1955년
29개 국가가 인도네시아 반둥에 모여 냉전 시대 중립을 외침

케네디 대통령 암살
1963년, 미국

1962년, 존 F. 케네디 미국 대통령은 흐루쇼프 소련 서기장과의 쿠바 미사일 위기를 가까스로 넘겼어요. 쿠바 미사일 위기란 소련이 쿠바의 카스트로 정권에 미사일을 보낸 뒤, 미국과 소련이 핵전쟁 일보 직전까지 이른 사건이에요. 이듬해, 케네디 대통령은 텍사스 주 댈러스에서 괴한이 쏜 총에 맞아 목숨을 잃었어요.

엘비스 프레슬리 열풍
1956년~1958년, 미국

엘비스 프레슬리는 최초의 대중 음악 슈퍼스타였습니다. 엘비스의 튀는 외모, 컨츄리 뮤직에 흑인의 로큰롤과 블루스를 결합한 노래에 십대들은 열광하며 몸을 흔들었어요.

댈러스

우주 시대의 개막
1956년~1966년

1957년, 소련이 최초의 인공위성을 쏘아 올리면서 본격적으로 우주 시대가 열렸다. 하지만 소련과 미국의 핵무기 경쟁으로 '핵 재앙'을 불러일으켰다. 그러는 사이, 마오쩌둥의 정책으로 수많은 중국인들이 굶어 죽었다. 그래도 대중음악 덕분에 많은 사람들이 웃으며 춤을 추었다.

쿠바

쿠바 혁명
1953년~1959년, 쿠바

피델 카스트로와 아르헨티나 사람인 체 게바라가 혁명을 이끌어 쿠바의 독재자 바티스타를 몰아냈습니다. 카스트로는 쿠바를 공산주의 국가로 만들고, 체 게바라는 혁명군의 영웅이 되었습니다.

1957년	1959년	1960년	1961년	1961년	1962년
소련이 최초의 인공위성, '스푸트니크1호' 발사	쿠바 혁명이 일어남	4.19 혁명으로 장면 내각이 들어섬	5.16 군사 정변이 일어남	유리 가가린, 인간 최초로 우주 비행에 성공	알제리가 프랑스로부터 독립을 쟁취

106

비틀즈 열풍
1963년~1970년, 영국 및 미국

영국 리버풀 출신 밴드 비틀즈가 대중에게 커다란 열풍을 불러일으켰습니다. 비틀즈는 덥수룩한 머리와 깔끔한 양복 차림으로 유명했어요. 비틀즈가 나타나면 소녀들은 떼 지어 몰려들며 열광했어요. 이런 사람들을 '비틀마니아'라 부릅니다. 비틀마니아는 비틀즈의 팬을 지칭하는 용어로, 특히 1960년대의 열광적인 팬을 가리키는 말이에요.

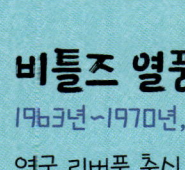

우주인
1961년, 우주

러시아 '우주 비행사' 유리 가가린은 우주에 간 최초의 인간이었어요. 1961년 4월 12일, 가가린이 탄 보스토크 1호 우주선이 지구를 돌았어요.

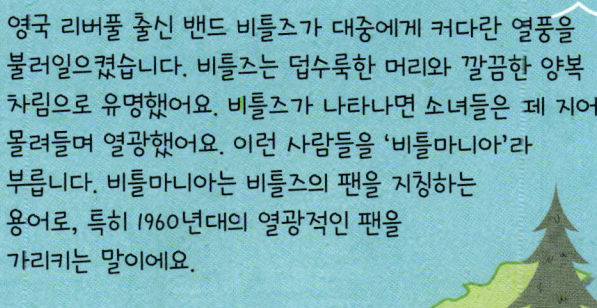

리버풀
베를린
서독   동독

베를린 장벽의 설치
1961년, 베를린

서베를린은 공산주의 동독 안에 자리한 서독의 일부였습니다. 1961년, 동독은 베를린 장벽을 세워놓고 동독 사람들이 서베를린으로 못 건너가게 했어요.

대약진운동 1958년, 중국

중국 지도자 마오쩌둥은 노동력 집중 산업 육성을 통한 경제 성장 운동을 펼쳤습니다. 농사를 짓던 사람들이 도시로 모여들어 철강 산업에 뛰어들었는데, 이것은 결국 더 재앙이 되었어요. 도시의 인구가 급격히 늘어나며 생필품이 부족해졌거든요. 노동력이 빠져나간 농촌의 농업 생산력이 뚝 떨어져서 농업 경제가 무너졌어요. 3년 동안의 대약진운동 과정에서 5500만 명이 배가 고파서 죽었다고 해요.

베이징
대한민국

1962년	1963년	1963년	1964년	1964년	1966년
비틀즈의 첫 앨범 발매	마틴 루터 킹 '나에게도 꿈이 있습니다' 연설	존 F. 케네디 미국 대통령 암살	미국에서 인종차별이 법적으로 금지됨	베트남 전쟁이 일어남	중국 문화 대혁명 시작

107

아일랜드 분쟁
1969년~1997년, 북아일랜드

북아일랜드 지역은 테러리스트의 폭탄 공격과 살인으로 고통받았습니다. 가톨릭 민족주의자들은 북아일랜드가 아일랜드공화국과 합치기를 바라며 프로테스탄트(개신교도) 연방주의자들과 맞서 싸웠습니다. 연방주의자들은 북아일랜드가 영국 땅으로 남기를 바랐어요.

• 북아일랜드

문화 대혁명
1966년~1976년, 중국

중국의 지도자 마오쩌둥은 기존의 문화가 공산주의에 위협이 된다고 생각해 문화 대혁명을 일으켰습니다. 젊은이들을 홍위병으로 모집해, 지식인들을 처형하고 서적과 역사 유물을 파괴하라고 시켰어요. 1976년에 마오쩌둥이 사망한 뒤, 덩샤오핑이 마오쩌둥의 뒤를 이어 중국의 최고 지도자가 되었습니다.

• 베이징

테헤란, 1979년 이란의 이슬람 혁명의 중심지

• 북베트남

프랑스 5월 혁명(68 혁명)
1968년, 프랑스

프랑스 파리의 학생, 시인, 음악가 그리고 노동자들이 모두 힘을 합쳐 부자들이 지배하는 세상에 맞서 거리 시위를 벌였습니다. 드골 대통령이 이끄는 정부는 이 위기를 가까스로 극복했지만, 프랑스는 그 뒤로 크게 달라졌어요.

• 남베트남

베트남 전쟁
1960년~1975년, 베트남

프랑스가 물러간 뒤, 베트남은 둘로 갈라졌습니다. 북부의 공산주의자들은 베트콩 게릴라들한테 베트남 통일을 위해 남부 정글에서 싸워 달라고 했습니다. 미국은 남베트남이 공산화되지 못하도록 전쟁에 뛰어들었습니다. 하지만 끔찍한 전쟁을 치른 뒤, 미국은 철수하고 베트남은 통일되었습니다.

1968년	1968년	1969년	1970년	1971년	1972년
마틴 루터 킹 목사 암살	체코슬로바키아 '프라하의 봄', 프랑스 68 혁명	아폴로11호 달 착륙	새마을 운동이 시작되고 경부 고속 도로가 개통됨	방글라데시 독립	영국군에 의한 북아일랜드 대량 학살

히피의 출현
1967년, 미국

젊은이들은 헐렁한 옷을 걸치고, 머리를 길게 길러 꽃을 달고 베트남 전쟁과 돈이 지배하는 세상에 맞서 싸웠어요. 이런 '히피들'은 사랑과 락음악을 찬양하기 위해 샌프란시스코로 모였어요.

변화하는 세상

1967년~1980년

분쟁과 변화가 이어지는 이 시기에, 서구의 젊은이들은 기성 세대에 저항하고 락페스티벌에 참여하며 더 나은 세상을 꿈꾸었다. 아시아에서는 베트남과 캄보디아가 끔찍한 고통을 겪었다. 또한 중국에서는 문화 대혁명이 일어났다.

● 샌프란시스코

소모사 정권의 몰락
1979년, 니카라과

니카라과는 아주 오랫동안 미국의 후원을 받는 독재자 소모사 가문의 지배를 받았습니다. 하지만 1979년, 소모사는 산디니스타 반군한테 쫓겨났어요. 그 후 산디니스타 반군은 가난한 사람들의 권리를 위해 힘썼습니다.

니카라과

달 위에서
1969년, 달

최초의 유인 우주선, 아폴로 11호가 달에 착륙했습니다. 1969년 7월 20일, 우주인 닐 암스트롱과 버즈 올드린은 달에 발을 디딘 최초의 인간으로 기록되었어요.

1972년
워터게이트 사건 발생. 이 사건으로 인해 미 닉슨 대통령이 사임

1973년
칠레에서 쿠데타가 발생해 군대가 정권을 잡음

1975년
베트남 전쟁 끝

1975년~1979년
캄보디아에서 킬링필드 대학살

1976년
중국 마오쩌둥 사망

1979년
이란 혁명

연대하라!
1980년~1989년, 폴란드

레흐 바웬사가 이끄는 폴란드의 그단스크 조선소 노동자들은 솔리데리티(자유연대노조)를 만들었습니다. 그러고는 자신들을 무너뜨리려는 공산당과 맞서 계속 싸워나갔습니다. 결국 1989년 의회 선거가 실시되고, 이를 통해 솔리데리티가 이끄는 정부가 들어설 수 있었어요.

고르바초프의 개혁
1985년~1991년, 소비에트연방

소련 지도자 고르바초프는 글라스노스트(개방)와 페레스트로이카(개혁)라고 부르는 변화를 이끌어냈어요. 하지만 사람들은 더 많은 자유를 원했고, 결국 소비에트연방은 무너져 내렸습니다.

흥망의 상징
1926년~1989년, 일본

1989년, 62년 동안 일본 천황의 자리에 있던 히로히토가 사망했습니다. 히로히토는 2차 세계대전을 일으키고 패전한 주범이었고, 이후 놀라운 경제발전의 상징이었어요.

베를린 장벽의 붕괴
1989년, 독일

헝가리와 폴란드에서 저항이 일어나고, 동독 당국은 베를린 장벽이 아무런 의미가 없다는 사실을 깨달았습니다. 그래서 굳게 닫혔던 문을 열어 사람들이 걸어 다닐 수 있게 했습니다. 곧 장벽은 완전히 무너졌어요.

1980년 5.18 광주 민주화운동이 일어남

1980년 이란-이라크 전쟁 시작

1982년 영국과 아르헨티나 사이에 포클랜드 전쟁이 일어남

1982년 최초의 상용화된 CD 플레이어가 소니에서 출시

1985년 에티오피아 난민의 기아 문제를 해결하기 위한 라이브 에이드 콘서트가 열림

1985년 고르바초프가 소련 당서기장에 취임

영화배우 대통령

1981년~1989년, 미국

영화배우 로널드 레이건이 미국 40대 대통령에 당선되었을 때, 일부 사람들은 로널드 레이건이 곧 실패할 거라 예상했어요. 하지만 소련의 지도자 고르바초프와의 관계 개선으로 냉전을 끝내는데 큰 역할을 했어요.

철의 장벽 붕괴

1980년~1989년

막강하던 소련에 균열이 생기며 냉전은 서서히 무너졌다. 우선 폴란드 조선소 노동자들이 더 많은 자유를 요구했다. 이윽고 소련의 지도자 미하일 고르바초프와 미국 대통령 로널드 레이건이 핵무기 경쟁을 중단하기로 합의했다. 1989년, 유럽의 공산주의 국가들은 대규모 저항에 직면했다.

● 워싱턴 D.C.

이란-콘트라 스캔들

1979년~1990년, 니카라과

니카라과의 콘트라 반군은 정부를 무너뜨리기 위해 싸웠습니다. 이들은 미국의 은밀한 지원을 받았는데, 미국의 이란에 대한 무기 판매와 얽히면서 '이란-콘트라 스캔들'로 불거집니다.

니카라과

포클랜드 전쟁

1982년, 포클랜드제도

남대서양에 위치한 포클랜드 섬은 영국 땅입니다. 하지만 아르헨티나의 독재자 갈티에리는 이곳이 자기들 땅이라고 주장했어요. 1982년, 갈티에리는 군대를 보내 포클랜드 섬을 침공했습니다. 영국과 아르헨티나의 싸움은 영국 승리로 끝났습니다.

아르헨티나

포클랜드 섬

1986년	1987년	1988년	1988년	1989년	1989년
소련 체르노빌 원자력 발전소 사고가 일어남	6월 민주 항쟁	칠레에서 독재자 피노체트의 통치가 끝남	제24회 서울 올림픽 개최	동서독 분단의 상징인 베를린 장벽 붕괴	중국 톈안먼 (천안문) 사건 발생

밀레니엄 버그
2000년

몇몇 전문가들은 2000년이 되면 모든 컴퓨터가 먹통이 될 거라고 했어요. 사람들은 이것을 Y2K 또는 밀레니엄 버그라고 불렀어요. 하지만 아무 일도 일어나지 않았죠.

복제 양 돌리
1996년, 영국

돌리는 세계 최초로 '체세포 복제'를 통해 태어난 포유동물입니다. 돌리의 부모가 둘이 아니라 하나라는 뜻이지요. 과학자들은 다 자란 양의 젖샘세포를 다른 암양의 난자에 이식해 출산하는데 성공했습니다. 하지만 태어난 지 6년 6개월 만에 돌리는 병에 걸려 안락사 당했습니다.

에스토니아
라트비아
리투아니아

우크라

월드 와이드 웹(WWW)의 등장
1990년, 스위스

과학자 팀 버너스리가 월드 와이드 웹(WWW)을 개발해 세상을 바꾸어놓았습니다. WWW는 컴퓨터와 컴퓨터를 인터넷으로 연결하고 파일 전송을 할 수 있게 해 주었어요.

마약 전쟁
1993년, 콜롬비아

파블로 에스코바르 같은 콜롬비아 마약 왕들은 미국에서 마약을 불법으로 판매해 돈을 엄청나게 많이 벌었어요. 1993년 에스코바르는 암살당했습니다. 다른 사람들이 그 자리를 차지했지만, 콜롬비아 정부는 결국 승리를 거머쥐었어요.

남아프리카에 찾아온 자유
1994년, 남아프리카공화국

넬슨 만델라는 '아파르트헤이트'에 저항했다는 이유로 27년 동안이나 감옥에 갇혀 있었습니다. 아파르트헤이트는 남아프리카공화국의 뿌리 깊은 인종 차별 정책으로, 이 말에는 분리, 격리라는 뜻이 들어 있어요. 1990년, 감옥에서 풀려난 만델라는 아파르트헤이트를 끝내기 위한 협상에 나섰습니다. 4년 뒤, 마침내 아파르트헤이트는 끝나고 만델라는 남아프리카공화국 최초의 흑인 대통령에 당선되었어요.

남아프리카공화국
케이프타운

1990년	1990년	1991년	1993년	1993년	1993년
월드 와이드 웹 (WWW) 등장	이라크와 연합군 사이의 걸프 전쟁이 일어남	소련의 붕괴, 냉전 시대가 끝남	유럽연합 (EU) 출범	김영삼 대통령 취임, 군사정권이 32년 만에 끝남	체코슬로바키아가 체코와 슬로바키아 공화국으로 분리 독립

누가 누구일까?

20세기는 갈등의 시대였습니다. 여러분은 이 책에서 추축국과 연합국처럼 전쟁을 했던 나라를 만났습니다. 중국 문화 대혁명을 했던 홍위병도 보았어요.

1903년

볼셰비키 : 러시아 혁명의 주역
1903년~1922년

1903년, 러시아 혁명 그룹은 볼셰비키(다수파라는 뜻)와 멘셰비키(소수파라는 뜻)로 나뉘어졌습니다. 레닌이 이끄는 볼셰비키는 과격한 혁명주의자 또는 과격파로, 1917년 러시아 혁명의 주역이 되었습니다.

산디니스타 : 니카라과 혁명
1961년~현재

산디니스타(산디니스타 민족해방전선)는 니카라과의 사회주의 정당입니다. 산디니스타라는 이름은 1920년대~1930년대에 미국의 니카라과 점령에 저항한 민족 영웅, 아우구스토 산디노의 이름에서 따왔어요. 산디니스타는 1979년 독재자 소모사를 몰아내고 혁명 정부를 세웠습니다.

베트콩 : 베트남 반란군
1954년~1976년

1954년, 베트남이 북베트남과 남베트남 둘로 나뉘었을 때, 북베트남의 지원을 받아 남쪽에 만들어진 공산주의 군사 조직이 바로 베트콩이었어요. 베트콩은 베트남 전쟁에서 미국과 치열한 게릴라전을 벌였습니다.

홍위병 : 붉은 파괴자들
1966년~1968년

홍위병은 중국 문화 대혁명 당시 청년 운동에 가담한 젊은이들을 가리킵니다. 마오쩌둥은 문화 대혁명을 위해 젊은이들을 모아 홍위병을 만들었어요. 홍위병은 구시대의 낡은 관습, 낡은 문화, 낡은 전통을 없애는 일을 했어요. 그 과정에서 예술과 서적과 박물관을 무자비하게 무너뜨리고, 교사들을 못살게 굴었어요.

나치스 : 인류의 수치
1920년~1945년
나치스는 극단주의 정당으로, 1930년대에 독일을 이끌었습니다. 이들은 극단적인 인종주의를 모두에게 강요하고, 유대인을 비롯한 수많은 사람들을 죽음으로 몰아넣었어요.

아일랜드 민족주의자 : 아일랜드 통일을 위해
1921년~현재
아일랜드 민족주의자 또는 공화주의자들은 북아일랜드를 아일랜드에서 분리한 것이 잘못이라고 믿어서 북아일랜드와 재통합하기 위해 싸우고 있어요. 아일랜드와의 통일을 원하는 사람들 대부분은 가톨릭교도예요.

제2차 세계대전 연합국
1939년~1945년
연합국은 제2차 세계대전 당시 독일 및 추축국과 맞서 싸운 26개국을 말하는데, 여기에는 영국, 프랑스, 폴란드, 오스트레일리아, 캐나다, 인도, 소련, 미국 등이 포함되어 있어요.

아일랜드 연방주의자 : 두개의 아일랜드
1921년~현재
연방주의자들은 북아일랜드가 아일랜드와 달리 영국의 일부로 남아야 한다고 믿어요. 영국에 남아 있기를 원하는 이들 대부분은 개신교도입니다.

제2차 세계대전 추축국
1940년~1945년
추축국은 제2차 세계대전 당시 연합국에 맞서 싸운 독일, 이탈리아, 일본을 말합니다. 이들은 베를린-로마-도쿄를 축으로 연결되었어요.

크메르루주 : 캄보디아 대학살
1968년~1979년
크메르루주는 베트남 공산주의자에서 갈라져 나온 집단으로, 캄보디아를 장악했습니다. 폴 포트의 지도 아래, 이들은 200만 명이 넘는 무고한 사람들을 닥치는 대로 학살했습니다. 우리는 이 대학살 사건을 '킬링필드'라고 부릅니다.

2000년

세상에, 이런 일이!

지난 20세기에 일어난 기이한 이야기 몇 가지를 소개합니다.

크리스마스 휴전

1914년, 제1차 세계대전 당시 치열한 전투가 벌어지던 곳에도 크리스마스가 다가왔습니다. 독일과 영국의 군인들은 크리스마스이브에 잠시나마 싸움을 멈추기로 결정했습니다. 군인들이 모두 전쟁터를 사이에 두고 크리스마스 노래를 부르기 시작했어요. 참호 밖으로 나와 축구를 한 군인들도 있었다고 하지요.

불을 밝혀라

제2차 세계대전 당시 독일의 도시, 콘스탄츠는 꾀를 써서 적의 폭격을 피했습니다. 어떻게 했냐고요? 콘스탄츠는 중립국 스위스와 국경을 맞대고 있었어요. 그래서 도시의 조명을 모두 환하게 켜놓아서 적의 폭격기가 콘스탄츠를 스위스로 착각하도록 만들었어요.

전쟁이 끝났다고?

1945년, 일본이 태평양 전쟁에서 항복했습니다. 그런데 필리핀의 오지와 섬에 있던 일본 군인들은 전쟁이 끝났다는 소식을 듣지 못했습니다. 종전을 무시하기로 한 군인들도 있었고요. 이 중에는 30년 넘게 계속 숨어 지내며 싸운 사람도 있었어요.

러스트의 비행

1987년, 서독의 비행사 마티아스 러스트는 냉전이 잘못되었다는 걸 보여주려고 결심했습니다. 그래서 어느 날, 핀란드의 헬싱키에서 경비행기를 타고 소련의 철의 장막을 가로질러 들어갔습니다. 러스트는 러시아군이 자신에게 아무런 해도 입히지 못한다는 걸 증명했지요. 놀랍게도 러스트는 모스크바의 심장이라 할 수 있는 붉은 광장에 안전하게 착륙했습니다.

핵무기 경쟁은 미친 짓

냉전 시대에 미국과 소련은 핵무기 경쟁을 했습니다. 적이 핵공격을 해 올 때, 적의 공격 미사일이 도달하기 전에 또는 도달한 후에 상대편도 전멸시키는 보복 핵전략을 해야 한다고 서로 주장하면서 미국과 소련은 모두 강력한 핵무기를 더 많이 만들었습니다. 그래서 만약 핵전쟁이 시작된다면, 세상은 완전히 흔적도 없이 사라질 거예요. 그러니 누구도 끔찍한 핵전쟁을 시작하지 않는 게 좋겠지요. 다행스럽게도, 아무도 이걸 시험해 보지 않았습니다.

찾아보기

숫자 및 영문

1707년 연합법	74
3.1 운동	97
30년 전쟁	70, 71
3국 동맹	84
4.19 혁명	106
5.16 군사 정변	106
5.18 광주 민주화 운동	110
6.10 만세운동	99
68 혁명	108
6월 민주 항쟁	111
7년 전쟁	76

가

가마쿠라 막부	51
가정제	67
가톨릭 민족주의자	108
간디	97, 98, 104
갈리아	26
갈리폴리 전투	97
갈릴레오	67, 71
갈티에리	111
강감찬	48
강화도 조약	84
강희제	72, 73
갤리온	68
걸프 전쟁	112, 113
검은 전쟁	80, 81
게르만족	28, 29, 58
겐지 이야기	48, 49
고구려	26, 29, 40, 41
고려	46, 47, 52
무신정변	51
고르디움	33
고르바초프	110
고름대왕	46
고조선	18, 26
고트족	28, 29, 31, 58
공산당 대장정	100, 101
공산당 선언	81
공자	22, 23
관세 동맹	80
광복군	102
광해군	70
괴베클리 테페	13
교자	47
교회의 대분열	48
구스타프 2세 아돌프	71
국권피탈	95
국민당	101, 105
굽타 왕조	28
권리 청원	71
귀주대첩	48
규장각	77
그레고리우스 1세	38
그레이트 서펜트 마운드	49
그레이트 짐바브웨	50
그리스 도시국가	21
글라스노스트	110
금나라	50

기묘사화	66
기해박해	81
길가메시 왕	17
김부식	50
김일성	113
까스띠옹 전투	57

나

나르메르 왕	17
나브타 플라야	14
나선 정벌	72
나스카 선	28
나치스	100, 102, 115
나폴레옹	78, 79
남부 연합군	82, 87
남북전쟁	82, 87
남북조 시대	29
남송	50
낭트 칙령	69
네로	27
네안데르탈인	10
네페르티티	21
넬슨 만델라	112
노르만족	46, 48, 49, 58
노르망디 상륙작전	102, 103
노르테 치코 문화	17
노예무역	78, 80, 82
농업 근대화	101
누조 황후	17, 33
눈물의 길	80
뉴그레인지 돌무지무덤	16
뉴딜 정책	100, 101
뉴턴	72
닐 암스트롱	109

다

다비드 4세	50
다윈	82
당나라	40, 42, 43, 45, 46
대동법	70, 74
대륙횡단철도	82
대약진 운동	107
덩샤오핑	108, 113
데니소바인	10
도요토미 히데요시	69, 71
도원결의	29
도쿠가와 이에야스	70, 71
독립선언서	76
독일 분단	104
돌리	112
동고트족	29, 58
동기시대	15
동방견문록	53
동부 전선	97
동인도 회사	70
동학	82
동학 농민 운동	85
드라큘라 백작	60
드레이크	88
디 데이	102

라

라 벤타 유적	20
라스 나바스 데 톨로사 전투	52
라스코 동굴 벽화	10
라운드헤드	86
라이브 에이드 콘서트	110
라이트 형제	94, 95
라인동맹	78
람세스 2세	20, 32
러스트	117
러시아 제국	95
러시아 혁명	97, 114
러요시 1세	54
러일전쟁	94
런던 대화재	72
레닌	98
레닌그라드	98
레벤후크	72
레오나르도 다빈치	66
레이건	111
레이프 에릭손	46
레판토 해전	66
레히펠트 전투	46, 47
로마	22, 24, 26, 27, 28, 29, 30
로마 스타일	28
로물루스와 레무스	22
로버트 월폴	75
로베스 피에르	87
로아노크섬	68
롤랑	61
롬멜 장군	102
루이 14세	71
루즈벨트	101
루터	66
류리크	44, 45, 59
르네상스	36
르완다 대학살	113
리그베다	19
리빙스턴	83
리처드 2세	54
리틀빅혼 전투	84, 85
린디스판	42
링컨	82, 83

마

마그나 카르타	52
마라타 왕조(제국)	73, 79, 86
마르코 폴로	53
마르코니	94
마르크스	81
마야 문명(마야족)	8, 18, 31, 36, 44
마오쩌둥	100, 101, 105, 106, 107, 108, 109, 114
마우리아 제국	24, 25
마자르족	46, 59
마젤란	57, 67, 88
마추픽추	56
마케도니아	24
마틴 루터 킹	107, 108
마피아	100

만리장성	25
만사 무사	52
만유인력 법칙	72
말리 제국	37, 52
매머드	12
맥베스	49
메르가르	15
메리 여왕	68
메소포타미아	9, 16, 31
메이지 유신	83
메이플라워호	70
메카	41
메흐메트 2세	55
멘셰비키	114
명나라	55, 56, 67
명량 대첩	69
명예혁명	73, 86
모세	20
모스 부호	80
모스크	36
모스크바대공국	69
몬테 알반	22, 25
몬테베르데(인)	8, 11
몽골	37, 58
무굴 제국(무굴족)	67, 69, 73, 74, 86, 87
무로마치 막부	54
무솔리니	98, 101
무슬림	37, 40, 41, 42, 43, 44
무어족	59
무함마드	37, 39, 40, 41
무함마드 빈 사우드	75
문화 대혁명	107, 108, 114
미드웨이 해전	103
미발왕 하랄	45
미케네	20
미하일 로마노프	71
밀레니엄 버그	112

바

바랑인	47
바빌론	19
바스코 다 가마	57
바웬사	110
바이킹	37, 42, 43, 45, 46, 47, 48, 59
바티스타	106
반달족	28, 29
반둥 회의	105
발해	41, 46
방글라데시 독립	108
백년전쟁	54, 56
백련교의 난	77
백제	27, 29, 41
버즈 올드린	109
베르메르	71
베르사유 궁전	71
베르사유 평화조약	97
베를린 장벽	107, 110, 111
베수비오 화산	26
베스트팔렌 조약	71
베이든 파월	94
베트남 전쟁	107, 108, 109, 114

베트콩	108, 114	샌프란시스코 대지진	95	**아**		엘 미라도르	25
벨리사리우스	39	샤 자한	73	아나톨리아	21, 31	엘 시드	49
변발	73	샤를 6세	55	아라비안나이트	43	엘리자베스 1세	68
병마용갱	25	샤카	78	아리스토텔레스	22	엠파이어스테이트 빌딩	100
병자호란	71	서고트족	29, 58	아바스 1세	68	엥겔스	81
보르부두르 사원	43	서로마 제국	28	아문	21	여성 투표권	85, 96
보리스 1세	44, 45	서부 전선	96	아비첸나	48	연합국	103, 114, 115
보스토크 1호	107	서울 올림픽	111	아샨티 제국	74	영국 국민보건서비스	104
보어 전쟁(보어인)	84, 85, 86, 94	서튼 후	40	아서왕	38, 39	영조	75
보이스카우트	94	석굴암	42	아소카	24, 25	예게바르드 전투	75
보인 전투	72	석기시대	11	아스키아 왕	66	예리코	13
볼로냐 대학	48, 49	선덕여왕	40	아시리아 제국(아시리아족)	21, 22, 31	예수 그리스도	27
볼셰비키	97, 114	선사시대	8	아우구스투스	26, 27	예카테리나 2세	77
봉건제	37	성 벤체슬라우스	60	아우구스티누스	38, 39	오나라	29
봉오동 전투	98	성 치릴로	45	아우슈비츠	102	오스만 제국(오스만 투르크족)	
부처(싯다르타)	22	세계 대공황	99, 101	아이티 혁명	76, 77	53, 55, 56, 57, 58, 65, 66, 67, 68, 69,	
북부 연방주의자	82, 87	세르반테스	68	아인 가잘	13	72, 73, 74, 75, 79, 87, 95, 97, 98	
북송	50	세일럼의 마녀	72	아인슈타인	95	오스트리아 제국	78
북아일랜드 대량 학살	108	세종대왕	56	아일랜드 대기근	80, 81	오케이 목장의 결투	85
붉은 광장	117	셀라시에	101	아일랜드 민족주의자	115	오토 대제	46, 47
브라질 골드러시	72	셀주크 제국	48	아일랜드 분쟁	108	오파 왕	43
브라질 독립	79	셰익스피어	69	아일랜드 연방주의자	115	옥스퍼드 대학교	48
브리안 보루	48	소금 행진	98	아즈텍 제국(아즈텍족)	26, 54, 59, 66, 67, 87	올리버 크롬웰	70
블라디미르 1세	47	소모사 정권	109, 114			올림픽	20, 22, 84
블랙비어드	75, 88	소비에트연방(소련)	101, 104, 110, 112, 113	아카드 왕국(아카드족)	17, 31	올멕(인)	8, 20, 31
비단길	25, 33	소빙하기	74	아크나톤	21	오-이어트 어프	85
비더마이어 양식	78	손기정	101	아크라이트	76	오트 타일러	54
비블로스	13	솔리데리티	110	아테네	23, 30	옷슨 브레이크 유적	14
비자얄라야 왕	45	솜 전투	96	아파르트헤이트	112, 113	옷건	46
비잔티움 제국	40, 44, 55, 56	송가이 제국	37, 66	아편 전쟁	81, 82	옷당파	70, 86
비틀마니아	107	송나라	47	아폴로 11호	108, 109	요나라	46
비틀즈	107	쇼나족	50	아헨 대성당	42	용뼈	21
빅토리아 여왕	80	쇼토쿠 태자	41	악바르 대제	69	우 임금	18
빅토리아 폭포	83	수니파	41	악숨	39	우르반 2세	49
빅토리아 호	67	수메르 문명(수메르인)	9, 15, 30	안사의 난	43	우주시대	106
빈란드	46	수에즈 운하	83	안용복	73	우코크 고원	23
빌렘 얀스존	70	숙종	73	알-안달루스	42	울루루	10
빌헬름 2세	94	술레이만 1세	66, 67	알 카포네	100	윌리엄 월레스	53
		술탄	67, 73	알라리크 왕	29	워싱턴	77
사		스키타이족	21, 30	알렉산드로스 대왕	24, 33	워터게이트 사건	109
사도세자	75	스이코	39	알렉산드르 네프스키	52	워털루 전투	78
사라예보	96	스카라 브레	16	알렉산드리아	27	원나라	53
사르곤 다 왕	17	스탈린	98, 101, 104, 105	알싱	44	원자폭탄	103
사마르칸트	42	스탈린그라드 전투	102, 103	알제리 독립	106	월드 와이드 웹(WWW)	112
사막의 여우	102	스탬퍼드 브리지 전투	48	알프레드 왕	44	월드컵	100
사무라이	51	스테판 네마냐 왕	51	알하젠	61	월스트리트	99
사산 왕조	28	스톤헨지	16	앤 보니	75	위그 카페	47
사자왕 리처드	50, 51	스파르타쿠스	33	앵글로-색슨족	29, 38, 40, 44, 48, 59	위나라	29
사포텍족	22, 23, 25, 30	스푸트니크 1호	106	야오동	69	윈도우 95	113
산디니스타	109, 114	시베리아 횡단 철도	94	얀 3세 소비에스키	73	윌리엄	48
산시성 대지진	68, 69	시아파	41	얀 후스	56, 57	윌리엄 3세	72
산업혁명	65, 77, 80	시크교도	74	얄타회담	103	윌리엄 윌버포스	80
산토리니 화산	18	시황제	24, 25	양무 운동	83	우대인	102
살라딘	50, 51	신라	26, 40, 41, 42	에도 시대	70, 71	유럽연합	105, 112, 113
삼국사기	50	신미양요	83	에리두	15	우리 가가린	106, 107
삼부회	54	신성로마 제국	42, 43, 46, 47, 50, 51, 71, 72, 73, 78	에바 페론	105	유성 영화	99
상나라	20			에베레스트 등정	104	유스티니아누스 1세	38, 39
상대성 이론	95	신해혁명	94	에스파냐 내전	100, 101	유스티니안 역병	38, 39
상트페테르부르크	74, 97	십자군 전쟁	37, 48, 50	에스파냐 황금시대	68	유엔	104
상평통보	73			엘 그레코	68	윤봉길	100
새마을 운동	108					글사늑약	95

의화단 운동	84, 85
의회파	70, 86
이란 이라크 전쟁	110
이란 콘트라 스캔들	111
이란 혁명	109
이반 4세(이반 뇌제)	67, 69
이봉창	100
이순신	69
이오나 수도원	38, 39
이집트 문명	9
인더스 (계곡) 문명	17, 19
인도 파키스탄 분리 독립	104
임진왜란	69
잉카 문명(잉카족)	56, 59, 68, 87

자
자연권 사상	77
자코바이트	74, 75, 86
자코뱅	87
잔 다르크	56
장미 전쟁	56, 57
장제스	101
재즈 싱어	99
잭슨 대통령	89
전국시대	57
전신기	80
정조	75, 77
정화	56, 57
제1차 세계대전	96, 97, 116
제2차 세계대전	102, 103, 116
제임스 2세	72, 74, 86
조광조	66
조몬 문화	12
조선	55
조제프 니세포르	81
조지 마셜	105
존 베어드	98
존 왕	52
종교개혁	65
주나라	21
주왕	21
줄루족	78
중세시대	36
중화민국	96
중화인민공화국	105
증기기관차	78
진나라	24, 28
진무	23
진주만 기습	103
진화론	82

차
차빈 문명	21
차탈후유크	13
찬드라굽타	25
찰리 왕자	74
찰스 1세	70
천동설	27
철의 장막	104
청교도 (혁명)	70, 71, 87
청나라	70, 71, 73, 77, 81, 83, 94
청산리 대첩	98
청일전쟁	85
체 게바라	106
체로키 인디언	86
체르노빌 원자력 발전소 사고	111
초인플레이션	98
촉나라	29
촐라족	45
최제우	82
추축국	103, 114, 115
측천무후	41
칭기즈칸	37, 52, 53, 55

카
카니슈카 왕	27
카라 무스타파	73
카롤루스 1세	42, 43, 44, 61
카롤루스 3세	45
카롤링거 왕국	45
카르낙 열석	14
카르발라 전투	41
카르타고(인)	24, 30
카를 벤츠	84
카스트로 정권	106
카이사르	26, 27
칼리굴라	27
캔터베리 대성당	39
존 F. 케네디	106, 107
케네스 1세	44
케이프타운	72
켈트족	20, 31
코란	41
코르세어	69
코르테스	66, 67, 68
코페르니쿠스	67
콘스탄티누스	29
콜럼버스	56, 57
콜롬비아 마약 전쟁	112
콜롬바 성인	38, 39
쿠바 미사일 위기	106
쿠바 혁명	106
쿠빌라이칸	53
쿠샨 제국	27
쿠스코	59
쿠시 왕국	18
쿠푸 왕 피라미드	19
크누트 대왕	48, 60
크라카타우 화산	84
크레이지 호스	85
크레타 문명	16, 18
크로켓	89
크롬포드	77
크리스티안 호이겐스	71
크림전쟁	82, 83
크메르루주	115
크테시폰 왕궁	41
클레오파트라	27
클로비스(인)	8, 11, 30
클로비스 1세	38, 39
키루스 2세	22, 23, 30
키예프 대공국(키예프 루스인)	44, 45, 47, 49, 59
킬링필드	109, 115
킵차크	49

타
타밀족	45
타이타닉호	96
타지마할	71, 73
탕평책	75
태양의 피라미드	24, 26
태평양 전쟁	102, 116
태평천국 운동	81
탱크	96
테노치티틀란	54, 59, 66
테디 루즈벨트	95
테디베어	95
테오도릭	38, 39
텐안먼(천안문)사태	111
텔레비전	98
토이토부르거 숲	26
투르 전투	42, 43
투생 루베르튀르	76
툭판 왕조	25
튀르크당의 혁명	95
튜턴 기사단	52
트로이의 목마	21
티무르 제국	55
팀 버너스리	112
팀북투	66

파
파라오	9, 17
파르테논 신전	22
파버티 포인트 유적	14, 19
파칼 대왕	40
파티마의 책	44
팔랑크스 대형	24
팔렝케	40
페니실린	99
페니키아(족)	24, 30, 31
페드루	79
페레스트로이카	110
페르시아 제국(페르시아인)	22, 23, 28, 30, 40, 41, 68, 75
페세의 카누	13
페이리강 문화	13
펠리페 2세	68
포드	95
포에니 전쟁	24
포클랜드 전쟁	110, 111
폴포트	115
폼페이	26
표트르 1세(대제)	74, 89
표트르 3세	77
푸가체프 농민 반란	76
푸시킨	81
푸이	94
푼트	32
프라하의 봄	108
프랑스 혁명	77, 80, 87
프랑코	100, 102
프랑크 제국(프랑크족)	29, 42, 43, 46, 58
프로이센	83
프로테스탄트 연방주의자	108
프리드리히 1세 바르바로사	50, 51
프톨레마이오스	27
플라시 전투	76, 77
플라톤	22
플리머스	70
피노체트	111
피사로	68
피의 일요일	94
픽트족	26

하
헤라클리우스	40
하나라	18
하드리아누스 성벽	26
하랄드 블라톤	61
하트셉수트	32
한국전쟁	105
한나라	27
한니발	32
한반도 분단	104
한자 동맹	50, 53
할슈타트	20
함무라비 왕	19
해럴드 2세	48
핵무기 경쟁	106, 111, 117
헤르만	26
헤이스팅스 전투	48
헨리 8세	66, 67
현종	42
호머	22
호모 사피엔스	10
호모 에렉투스	10
호스라우 2세	41
호프웰	28
홀로코스트	102
홍건적의 난	55
홍경래의 난	78
홍위병	108, 114
황건적의 난	27
황소의 난	45
황제(黃帝)	17
황하 문명	17
후금	70
후스 전쟁	57
후지와라 가문	45
훈민정음	56
훈족	28, 29
흐롤프	46
흐루쇼프	106
흑사병	54
히로히토	110
히타이트 제국(히타이트족)	20, 21, 31, 32
히틀러	100
히피	109
힌두교도	86
힐데가르트	50